W X Y Z & 🌹 🌷 🍃 ⛵ 1 2 3 4 5 6 7 8 9 0 ' '

最近は、上質でいい風合いのリネン、コットン、キッチンクロスがたくさん出まわるようになりました。
それらで手作りしたらきっとすてきだけれど、それだけではちょっと寂しいような……。
そこにステンシルで模様をつけたら、きっと、もっとおしゃれになります。

ステンシルは型を使って模様を描くクラフトです。
型を使うので「絵が苦手」という人も大丈夫。
自由な発想で、好きな色で、好きな位置に模様を描けます。
シンプルな袋ものや布小ものに自分だけの模様を描くことで
すてきなオリジナルができあがります。

この本は、
「こんなバッグをおやこで持ちたいな」とか
「子どもの通園通学にこんなのを持たせたいな」
と思う袋ものや布小ものを作ってみました。

ステンシルの図案の大きさや配置、配色は、好きなようにアレンジしてみてください。
楽しく作って、楽しく使う。そんな手作りのお手伝いができたら幸せです。

———————— 塚田紀子

contents

小さいからすぐできる、小さいから使いやすい
かんたんミニバッグ

- 4 手さげ袋
- 8 バネ口金のバッグ
- 10 キッチンクロスのショルダーバッグ
- 12 きんちゃく3点セット

幼稚園や小学校で使える
子どもの袋もの

- 14 レッスンバッグとリコーダーケース
- 18 レッスンバッグと上ばき入れ
- 22 おべんとうセット
- 28 体操着入れセット
- 32 きんちゃく3点セット
- 34 ステンシルでお名前つけ

伸よしおやこはいつもおそろい
おやこペアのバッグと小もの

- 36 グラニーバッグ
- 40 グラニーバッグと布小もの
- 46 トートバッグ
- 50 トートバッグ
- 54 ショルダーバッグとリュックサック
- 58 口金バッグ
- 62 おつかいセット
- 66 おそうじセット
- 72 キッチンセット
- 78 着替え入れセット
- 82 旅行セット

小さなものの整理にとても便利
アイデア小もの

- 84 ツールケースとソーイングケース
- 88 ツールボックス

- 92 はじめてステンシルをする人へ
- 94 mail order

小さいからすぐできる、小さいから使いやすい
かんたんミニバッグ

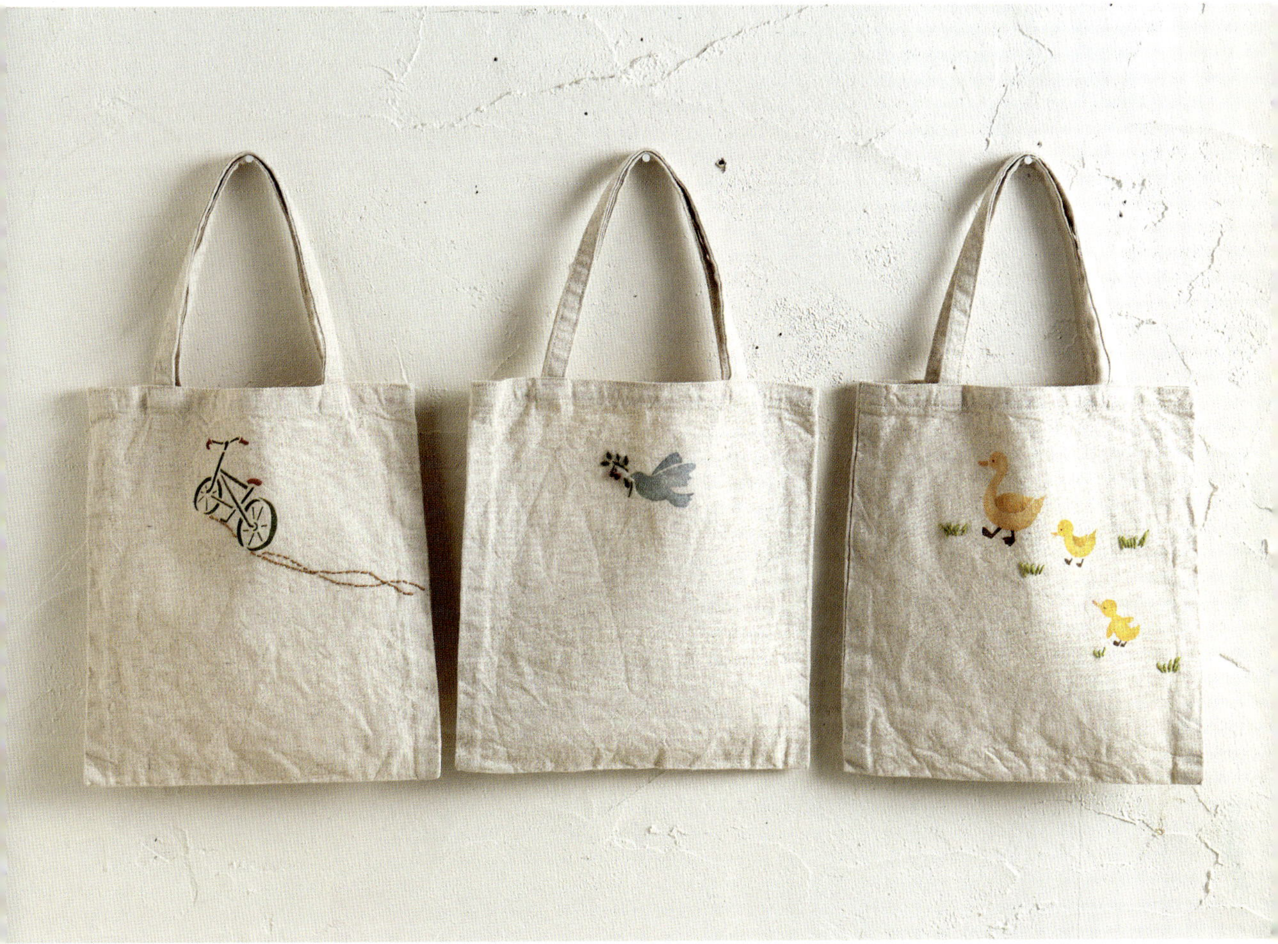

手さげ袋
flat bag

袋布に持ち手をつけただけの手さげ袋。
洗いっぱなしの帆布に思い思いのステンシルを描きました。

photo…page 4

手さげ袋

● 材料
【1点分】
布…帆布40×55cm
極細毛糸、ステンシル絵の
具…各適宜

＊ステンシルはぬう前でもいいし、
　できあがってからでもいい。

[製図]

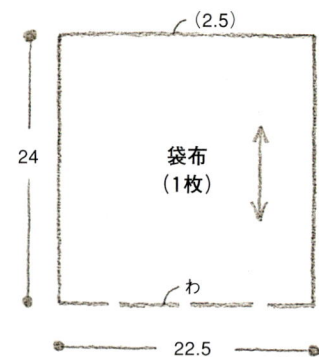

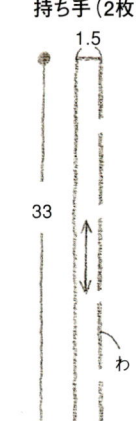

＊（　）のぬいしろをつけて裁つ。
　指定以外は1cm

ステンシルの図案（200%に拡大する）

ランニングステッチ

1 脇をぬう

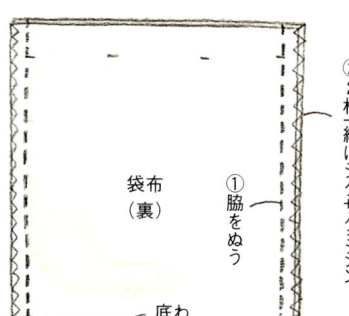

ランニングステッチ

バネ口金のバッグ
spring bag

袋口がバネ口金で
開閉する小さなバッグ。
テープの長さを変えることで、
手さげタイプにも
ショルダータイプにも。
ステンシル部分にちょっとだけ
刺しゅうを加えました。

how to make page 9

photo...page 8

バネ口金のバッグ

◉材料

【グリーン、パープル（共通）】

布…麻（表袋上布分）40×10cm、水玉、
　プリントなど（表袋下布分）20×15cm、
　プリント、ギンガムチェックなど（裏袋布
　分）20×35cm
リネンテープ…1cm幅20cm（グリーン）、
　1cm幅70cm（パープル）
バネ口金…11cm幅を1個
ナスカン…内径0.9cmを2個（グリーンのみ）
25番刺しゅう糸、ステンシル絵の具…各適宜

＊ステンシルは、表袋上布をぬう前の布が平らな
　状態のときにしておくとやりやすい。

[製図]

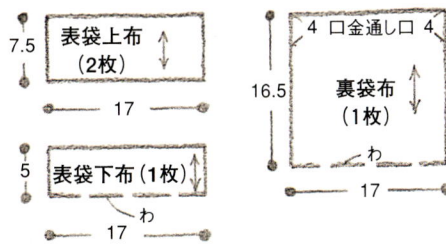

＊1cmのぬいしろをつけて裁つ

1 表袋布と裏袋布をぬい、まちをぬう

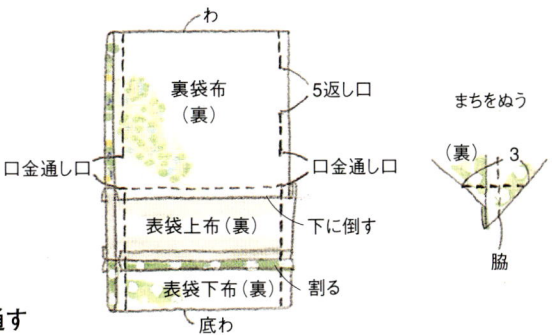

2 表に返す

表に返し、返し口をまつる

3 袋口をぬう

①裏袋を中に入れ込む

4 袋口にバネ口金を通す

ネジをはずす
とめておく

通し口のあきから通す

袋にバネ口金を通したら
ネジを差し込み、
下をペンチで曲げて固定

5 テープをつける

＊ステンシルの図案はp.27

キッチンクロスのショルダーバッグ
kitchen cloth shoulder bag

キッチンクロスをそのまま使い、
折ってぬうだけでできるショルダーバッグ。
もともとついているネームタグも、
ボタンどめのループに利用しました。

how to make page 11

photo...page 10
キッチンクロスのショルダーバッグ

● 材料

【グレー、生成り（共通）】

キッチンクロス…47×35cmを1枚
リネンテープ、綿綾テープ…各2cm幅120cm
ボタン…直径3cmを1個
テープ、25番刺しゅう糸、
ステンシル絵の具…各適宜

＊ステンシルはぬう前でもいいし、できあがってからでもいい。

キッチンクロス
[製図]

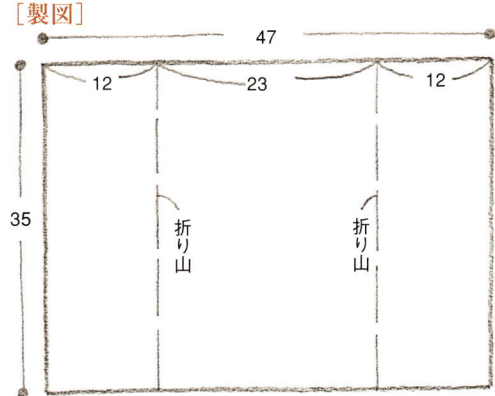

1 中央と底をぬう

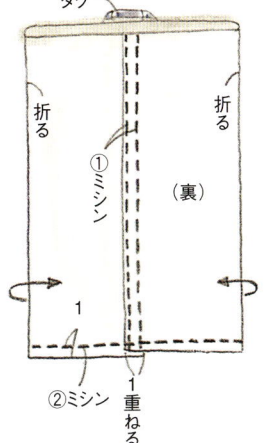

2 肩ひもを作る

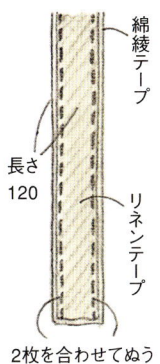

ステンシルの図案（実物大）

＊テープにステンシルしてつける

3 肩ひもとボタンをつける

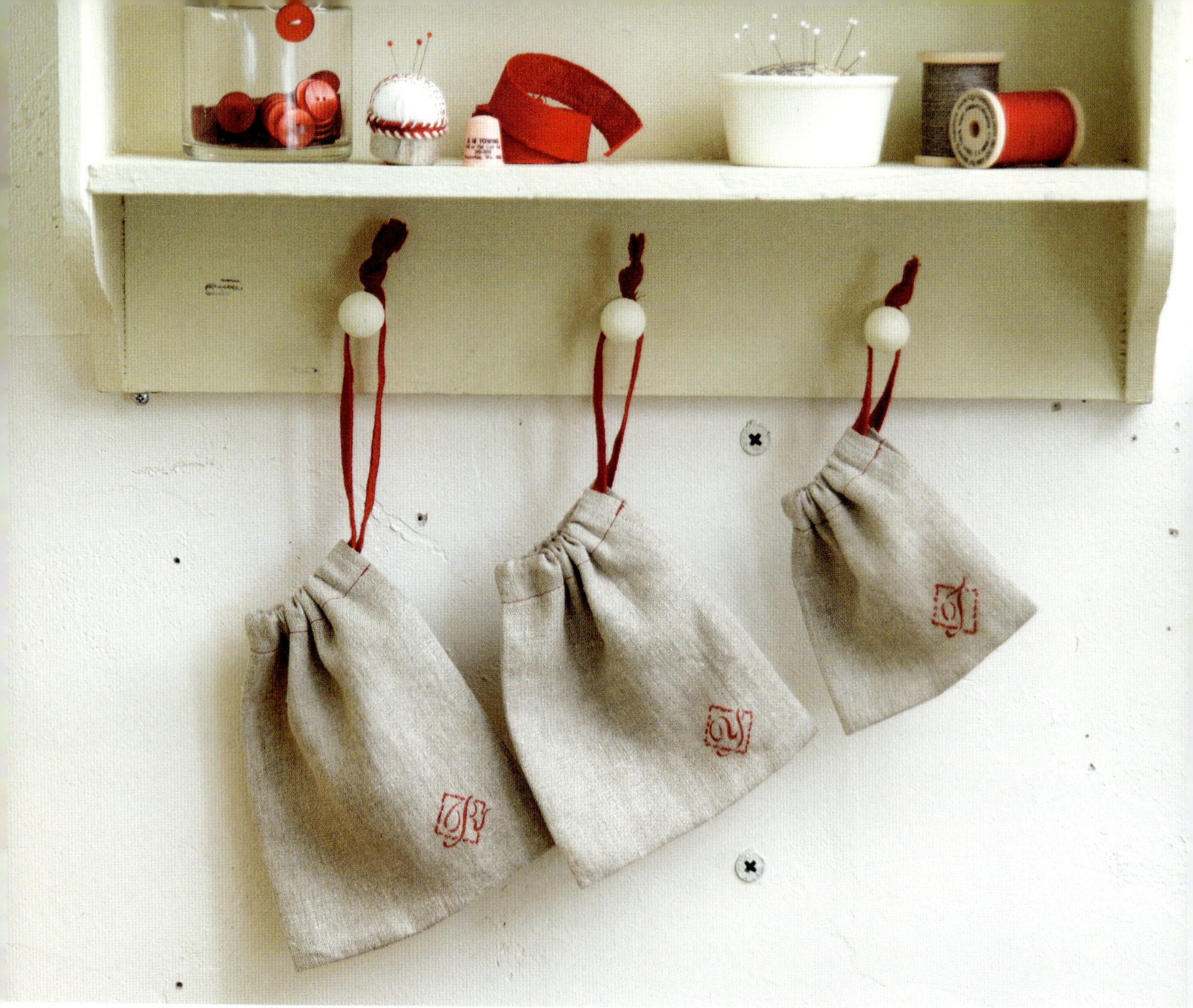

きんちゃく3点セット

sacks

小さなものの整理に欠かせないきんちゃく。
ちょっとずつ大きさを変えて作っておくと便利です。
イニシャル＋刺しゅうがワンポイントです。

how to make page 13

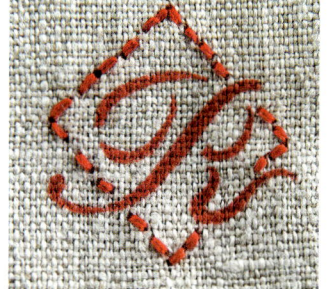

photo...page 12

きんちゃく3点セット

◉材料

布…麻110cm幅30cm
綿綾テープ…2cm幅120cm
25番刺しゅう糸、ステンシル絵の具…各適宜

＊ステンシルはぬう前でもいいし、できあがってからでもいい。

［製図］

＊（ ）のぬいしろをつけて裁つ。
＊指定以外は1cm
＊3つ並んだ数字は大・中・小の順。1つは共通

袋布（1枚）

17.5 / 16 / 12　わ
5 / 5 / 3.5　あきどまり
(3)
14 / 13.5 / 11

1 脇と底をぬう

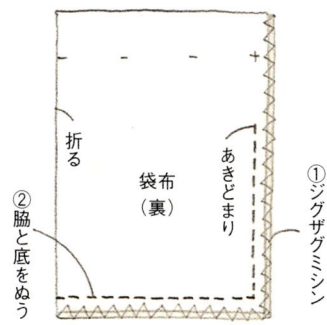

折る / 袋布（裏） / あきどまり / ①ジグザグミシン / ②脇と底をぬう

2 あきをぬい、袋口をぬう

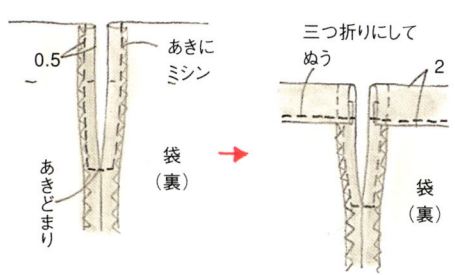

0.5 / あきにミシン / あきどまり / 袋（裏）
三つ折りにしてぬう / 2 / 袋（裏）

3 ひもを作り、通す

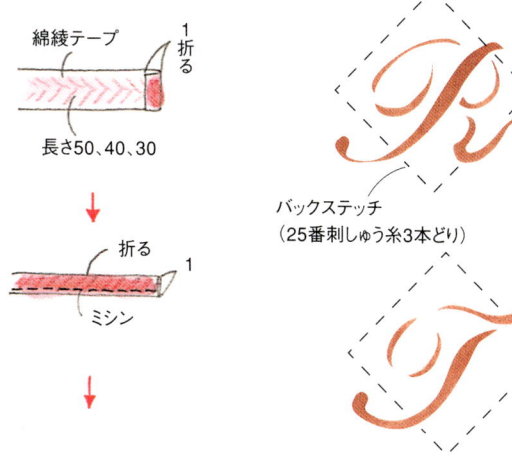

綿綾テープ / 1 折る / 長さ50、40、30
折る / 1 / ミシン

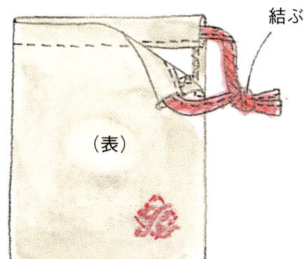

結ぶ / (表)

ステンシルの図案（実物大）

バックステッチ
（25番刺しゅう糸3本どり）

＊そのほかの文字はp.26
バックステッチはp.7

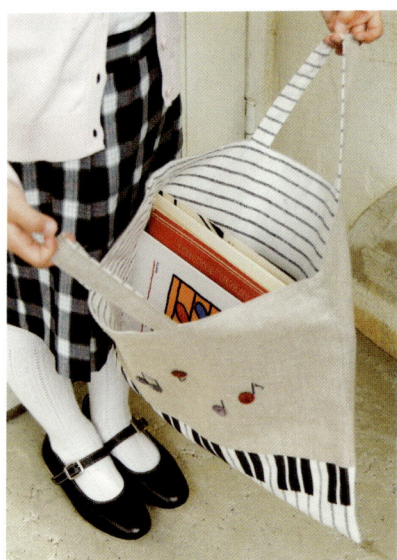

幼稚園や小学校で使える
子どもの袋もの

ボタン／ホビーラホビーレ

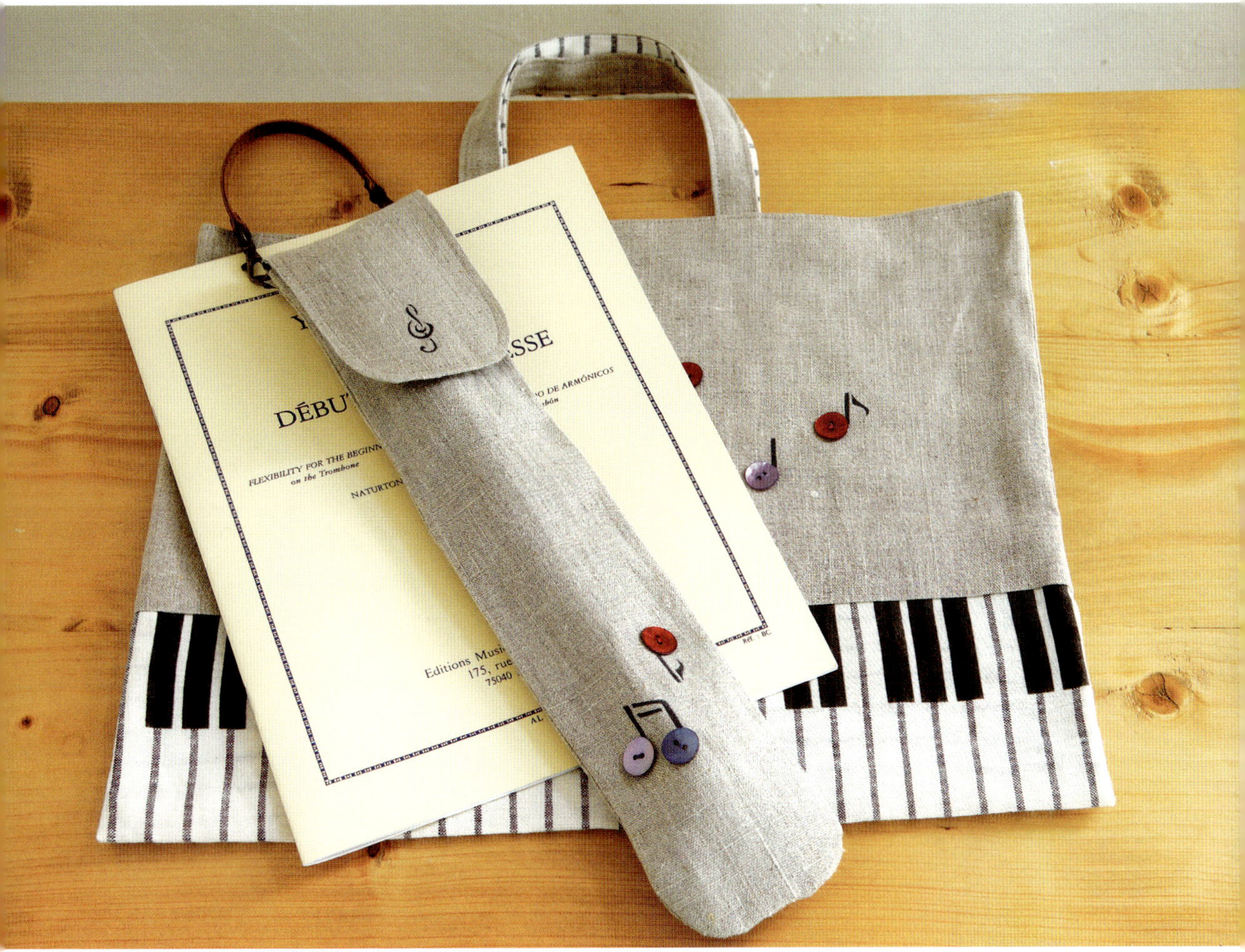

レッスンバッグとリコーダーケース
lesson bag , recorder case

ストライプ布にステンシルをプラスして鍵盤を描いたレッスンバッグ。
ピアノのおけいこ用にぴったりです。
ボタンとステンシルの音符模様をリコーダーケースにもあしらいました。

photo…page 14
レッスンバッグとリコーダーケース

●材料

布…麻(レッスンバッグとリコーダーケースの表布分)60×90cm、ストライプ(レッスンバッグの底布と裏布分)110cm幅50cm、無地(リコーダーケースの裏布分)30×60cm
ボタン…直径1.5cmの好みの色を10個
Dカン…内径1cmを2個
リネンテープ…1cm幅10cm
革の持ち手(引き輪つき)…長さ23cmを1本
マグネットホック…直径1cmを1組
25番刺しゅう糸、ステンシル絵の具…各適宜

＊ぬう前にステンシルする。

[製図]

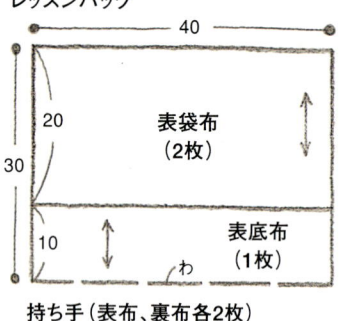

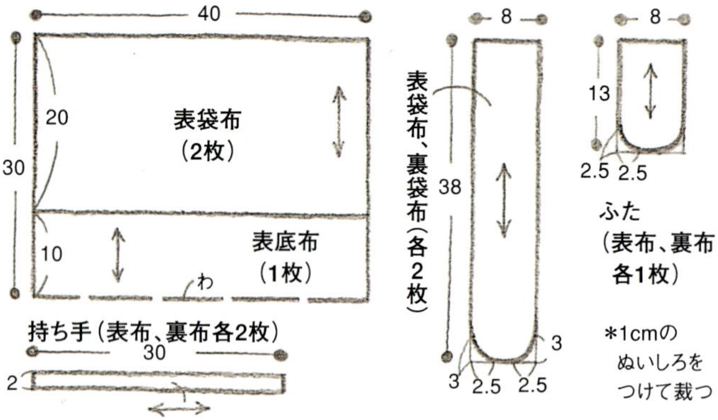

リコーダーケース

1 ステンシルする

2 ふたをつくる

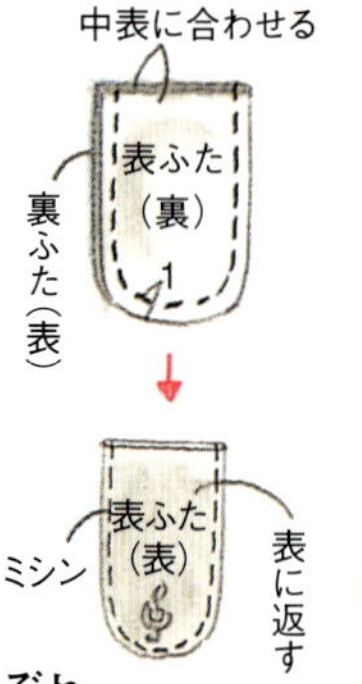

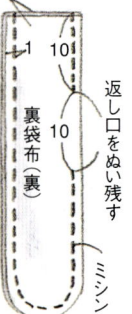

3 表袋布と裏袋布をそれぞれぬい合わせる

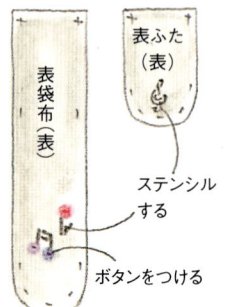

4 表袋と裏袋を合わせふたをはさみ、袋口をぬう

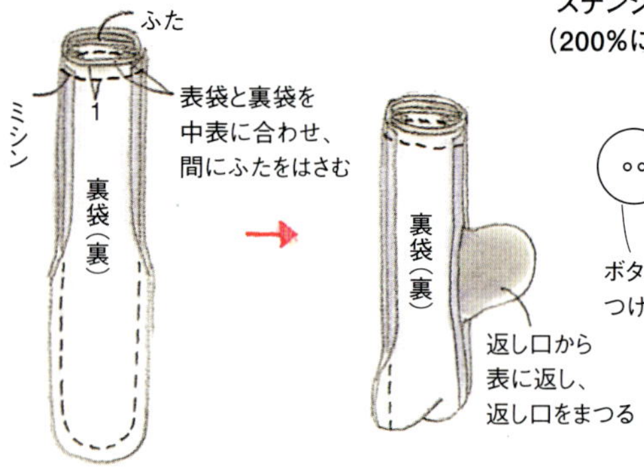

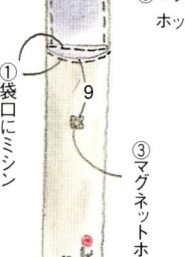

ステンシルの図案
(200%に拡大する)

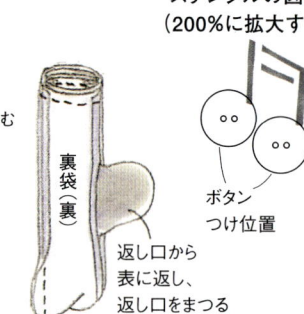

5 袋口をぬい、テープとマグネットホックをつける

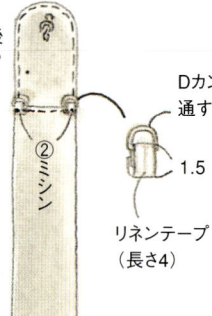

6 持ち手をつける

レッスンバッグ

1 表袋布をはぎ、持ち手をつける

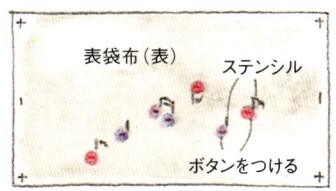

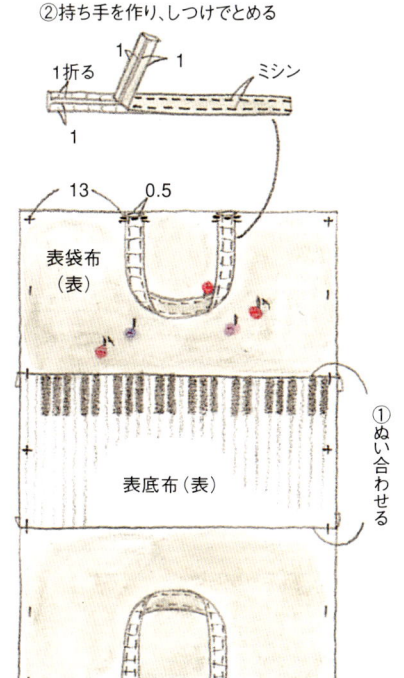

ステンシルの図案
（200％に拡大する）

*鍵盤の幅は、使用するストライプ柄の幅に合わせて調整する

2 表袋布、裏袋布の脇をぬう

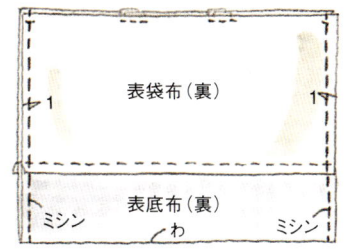

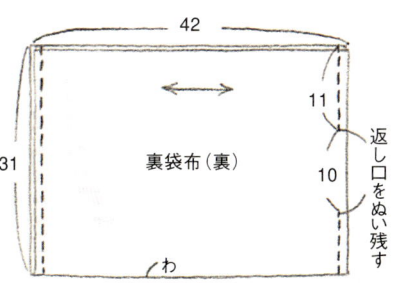

3 表袋と裏袋を合わせて袋口をぬう

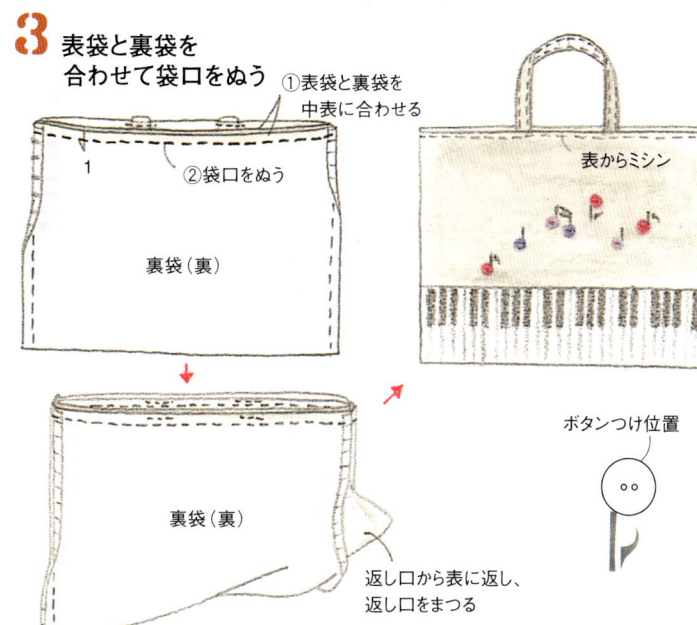

子どもの袋もの

レッスンバッグと上ばき入れ

レッスンバッグと上ばき入れ
lesson bag , shoes bag

レッスンバッグと上ばき入れは、サイズはどれも同じ。
シンプルなリネンに、いろいろな模様をステンシルしました。
お子さんの好きな図案をあしらってあげましょう。

how to make page 20

18

子どもの袋もの

レッスンバッグと上ばき入れ

lesson bag, shoes bag

19

photo...page 18
レッスンバッグと上ばき入れ

◉材料

【花、マリン(共通)】
布…麻(レッスンバッグと上ばき入れの表布分)、プリント(レッスンバッグと上ばき入れの裏布分)各110cm幅70cm
リックラックテープ…2色を各0.6cm幅130cm
綿綾テープ…2cm幅90cm
ロープ…太さ0.5cm幅10cm
ワッペン、25番刺しゅう糸、ステンシル絵の具…各適宜

【車、クローバー(共通)】
布…麻(レッスンバッグと上ばき入れの表布分)110cm幅45cm、水玉(レッスンバッグと上ばき入れの表袋下布、裏袋布、裏持ち手分)110cm幅90cm
リックラックテープ…0.6cm幅130cm(車のみ)
ロープ…太さ0.5cm幅10cm
ワッペン、25番刺しゅう糸、ステンシル絵の具…各適宜

＊ステンシルはぬう前でもいいし、できあがってからでもいい。

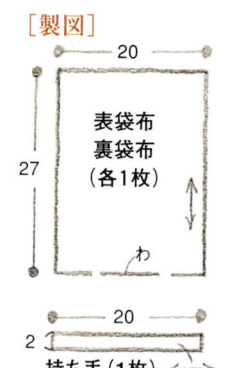

上ばき入れ(花)
［製図］

＊1cmのぬいしろをつけて裁つ

1 持ち手を作り、つける

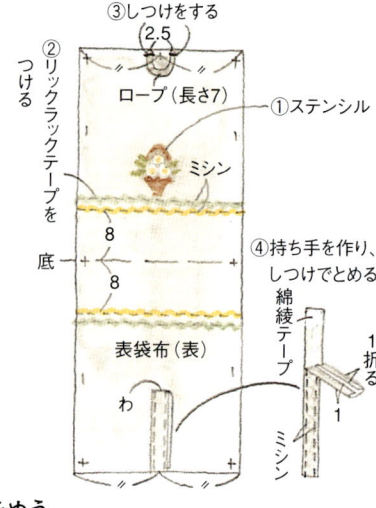

2 表袋布、裏袋布の脇をぬう

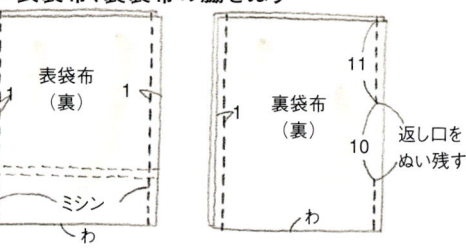

3 袋口をぬう

＊底布をはぐほかは、花と同様に作る

＊花と同様に作る

レッスンバッグ（花）

＊サイズはp.16、作り方はp.17参照（底布つけを除く）

④持ち手を作り、しつけで止める
①ステンシル
②ワッペンをつける
③リックラックテープを
ぬいつける
8
ミシン
8
表袋布（表）

1折る
綿綾テープ
ミシン
1折る

ミシン

チェーンステッチ

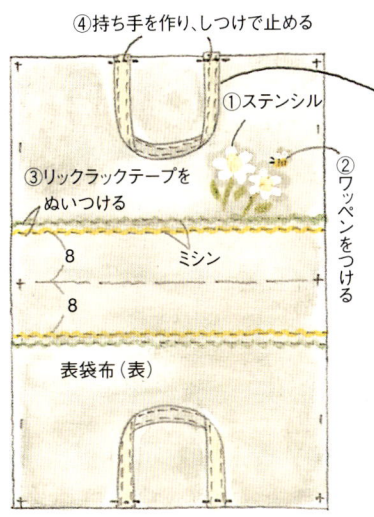

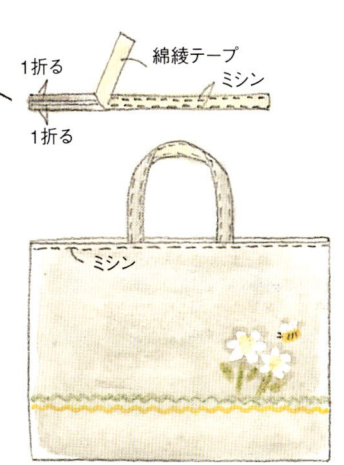

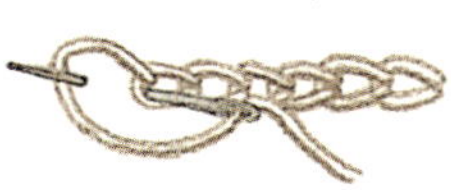

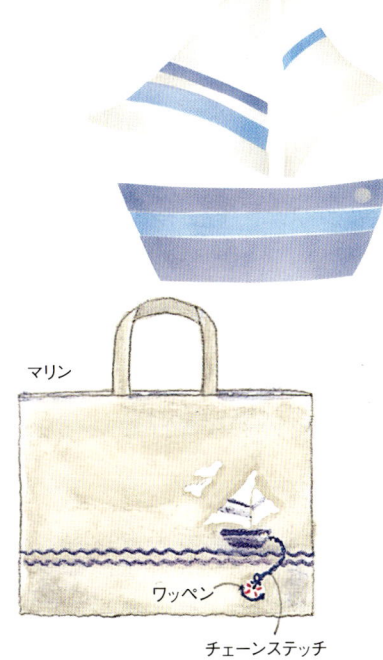

マリン
ワッペン
チェーンステッチ
（25番刺しゅう糸3本どり）

＊製図はp.16、作り方はp.17参照

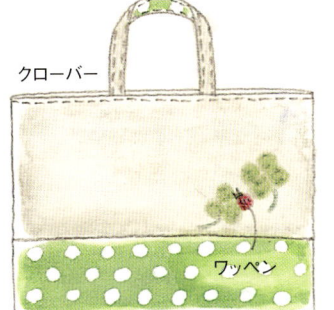

クローバー
ワッペン

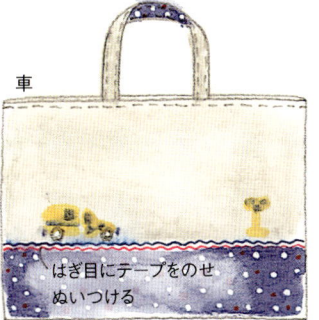

車
はぎ目にテープをのせ
ぬいつける

ステンシルの図案
（200%に拡大する）

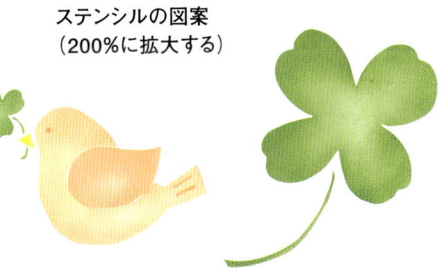

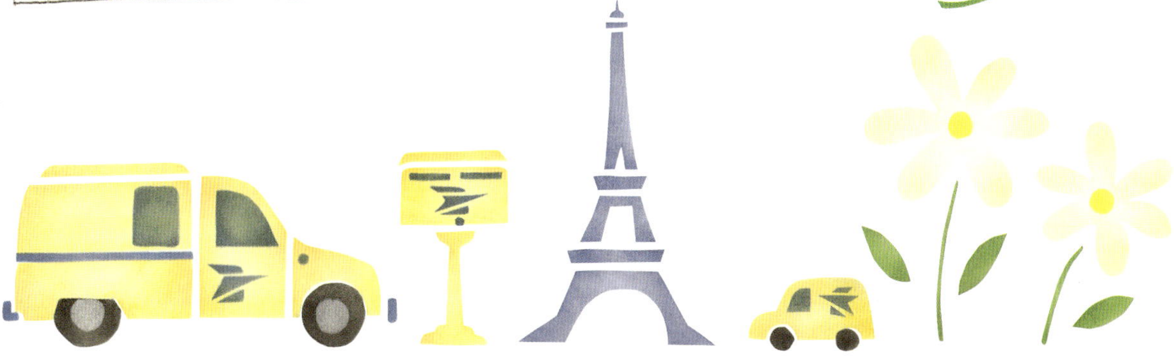

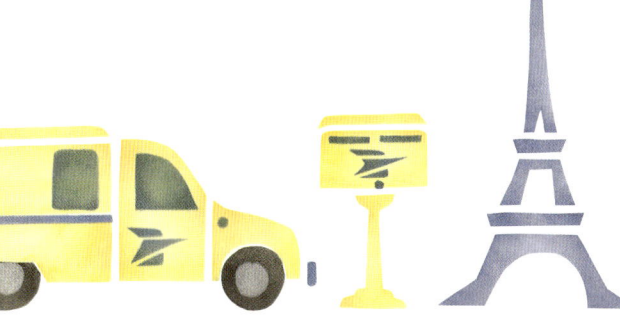

how to make page 24

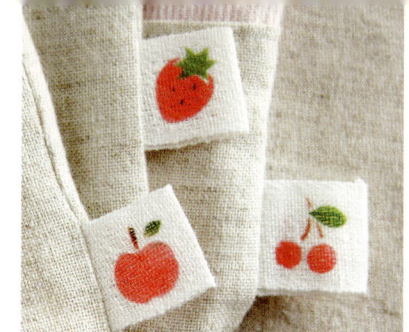

おべんとうセット

lunch bag , cup bag , petbottle case , luncheon mat

男の子と女の子のためのおべんとうセット。
テープに名前や好きなマークをステンシルしておくと、ひと目で自分のってわかります。

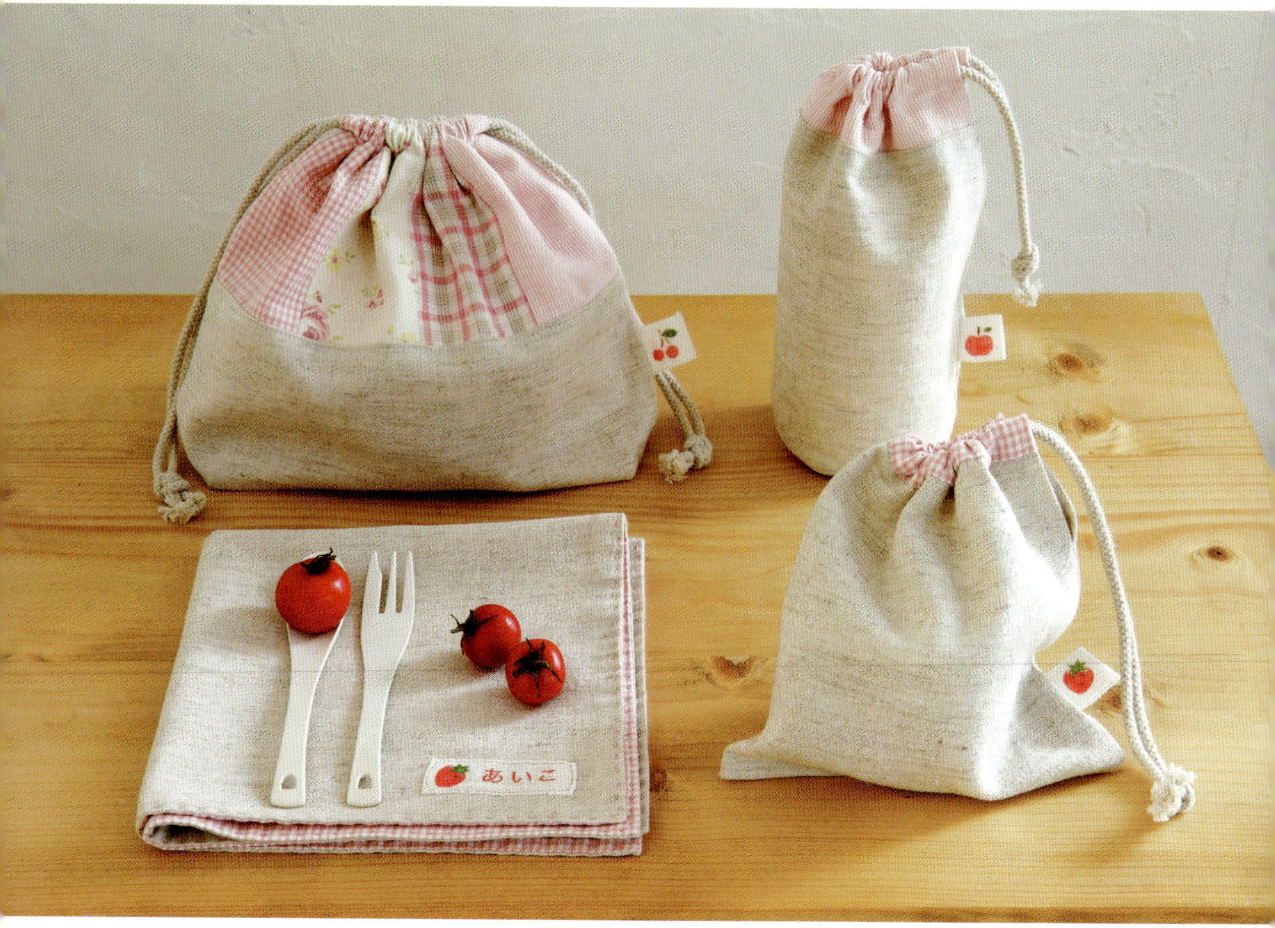

ロープ／ホビーラホビーレ

photo…page 22
おべんとうセット

◉材料

【ピンク】
布…麻（おべんとう袋の表底布、ペットボトルケースの表布、コップ入れの袋布、ナプキンの表布分）110cm幅50cm、ギンガムチェック（おべんとう袋のAと裏袋布、コップ入れの口布、ナプキンの裏布分）110cm幅50cm、花プリント（おべんとう袋のB分）、チェック（おべんとう袋のC分）各20×15cm、ストライプ（おべんとう袋のD、ペットボトルケースの口布分）50×20cm、ワッフル（ペットボトルケースの裏布分）30×20cm
ロープ…太さ0.5cmを210cm
リネンテープ…2cm幅30cm
25番刺しゅう糸、ステンシル絵の具…各適宜

【ブルー】
布…麻（おべんとう袋の表底布、ペットボトルケースの表布、コップ入れの袋布、ナプキンの表布分）110cm幅50cm、チェック（おべんとう袋の表袋上つづきの裏袋布、コップ入れの口布、ナプキンの裏布分）110cm幅50cm、ワッフル（ペットボトルケースの裏布分）30×20cm
ロープ…太さ0.5cmを210cm
リネンテープ…2cm幅30cm
25番刺しゅう糸、ステンシル絵の具…各適宜

＊リネンテープにステンシルしておく。

おべんとう袋（ピンク）

[製図]

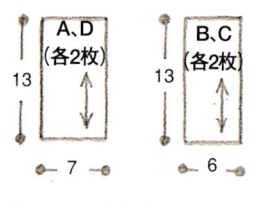
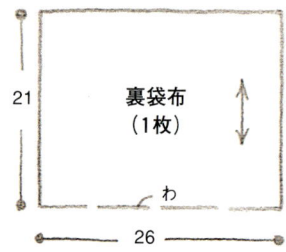
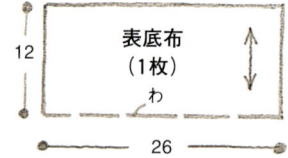

＊1cmのぬいしろをつけて裁つ

1 表袋布をぬう
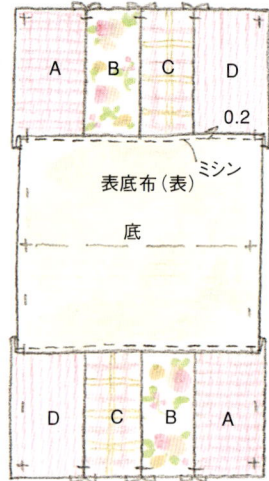

2 表袋布と裏袋布を中表に合わせてぬう
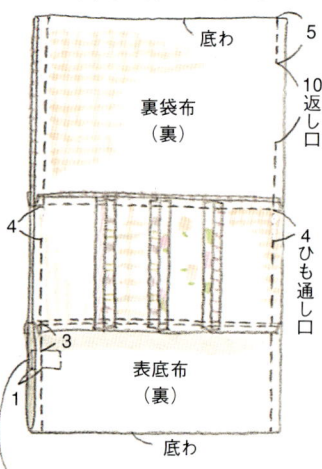
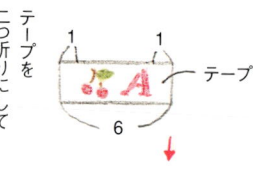

3 袋口をぬい、ロープを通す
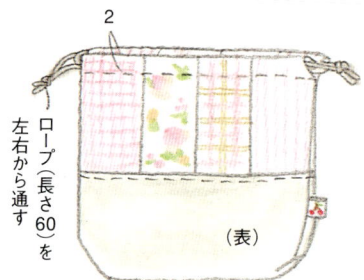
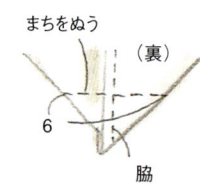

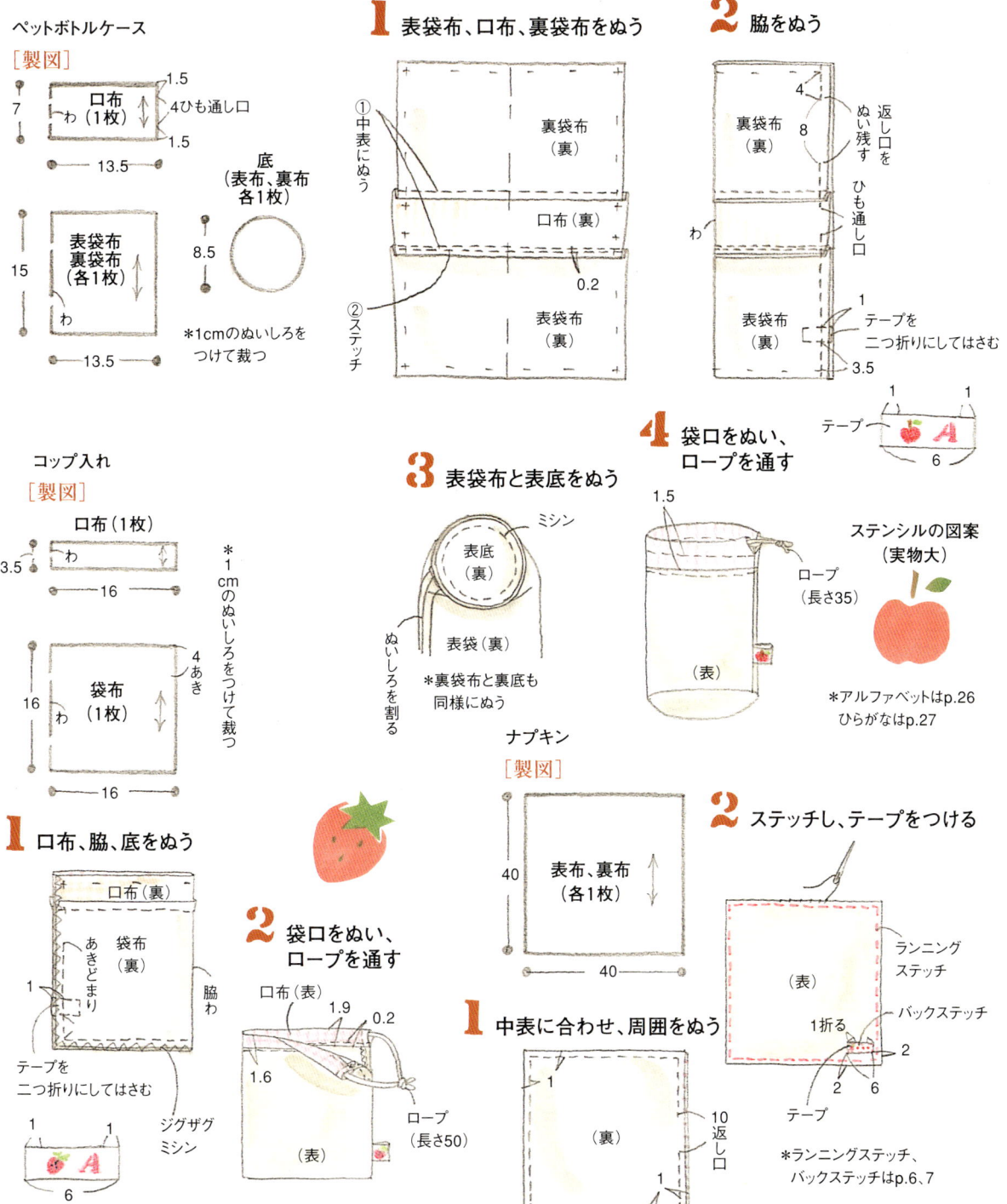

おべんとう袋（ブルー）

[製図]

*p.24ピンクの**3**参照

ステンシルの図案（実物大）

*左右逆に使ってもよい

ステンシルの図案p.22、28（実物大）

A B C D E F G H I
J K L M N O P Q R
S T U V W X Y Z

ステンシルの図案p.12（200%に拡大する）

A B C D E F G H I J K L
M N O P Q R S T U V W
X Y Z

ステンシルの図案p.8（200%に拡大する。　＊各文字に花の図案を組ませる）

ABCDEFGHI
JKLMNOPQ
RSTUVWXYZ

レゼーデージー
ステッチ
（刺しゅう糸
3本どり）

レゼーデージー
ステッチ

ステンシルの図案p.22、34、62（実物大）

あいうえお　まみむめも
かきくけこ　　やゆよ
さしすせそ　らりるれろ
たちつてと　わをん　゛゜ー
なにぬねの　　っ　ゃゅょ
はひふへほ

子どもの袋もの
おべんとうセット
lunch bag, cup bag, petbottle case, luncheon mat

27

体操着入れセット
sportswear bag , shoes bag , ball bag

大きなきんちゃくは体操着入れ、小さいほうはシューズバッグ。
リュックサック型はバスケットボールやサッカーボールが入れられます。
これなら、かごのない自転車で遊びに行くときも両手が使えるので安心です。

how to make page 30

布、ロープ／ホビーラホビーレ

子どもの袋もの　体操着入れセット

sportswear bag, shoes bag, ball bag

29

photo... page 28

体操着入れセット

◉材料

布…麻ストライプ（袋布分）110cm幅70cm、
　麻無地（アップリケ布分）40×20cm

ロープ…太さ0.5cmを390cm

リネンテープ…2cm幅20cm

ステンシル絵の具…適宜

＊アップリケ布、リネンテープにステンシルしておく。

体操着入れ、シューズバッグ

［製図］

＊2つ並んだ数字は
上が体操着入れ、
下がシューズバッグ。1つは共通

＊（　）のぬいしろをつけて裁つ
指定以外は1cm

体操着入れ

＊作り方はp.13参照

ボールバッグ

［製図］

＊（　）のぬいしろをつけて裁つ
指定以外は1cm

＊作り方はp.83参照

子どもの袋もの

体操着入れセット

sportswear bag, shoes bag, ball bag

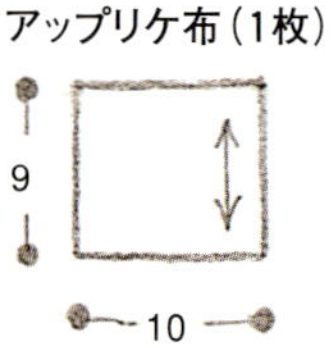

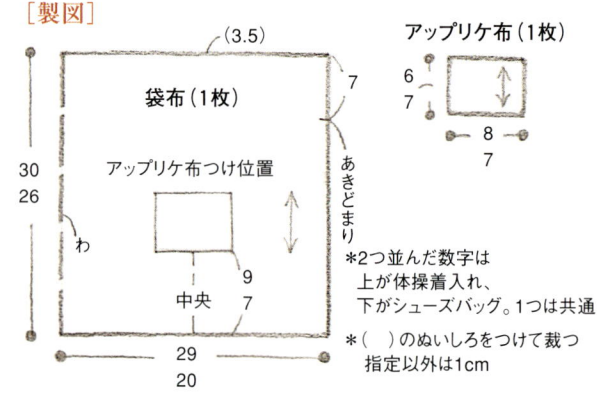

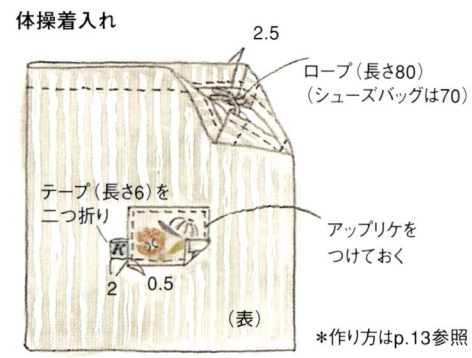

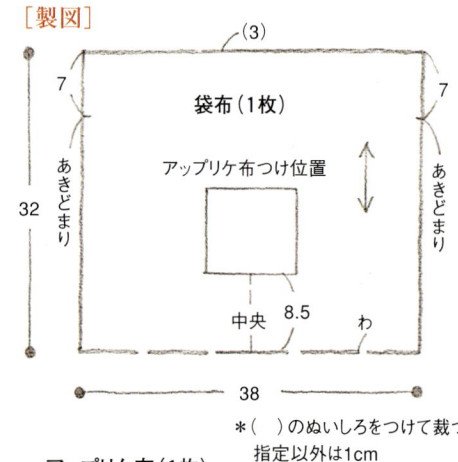

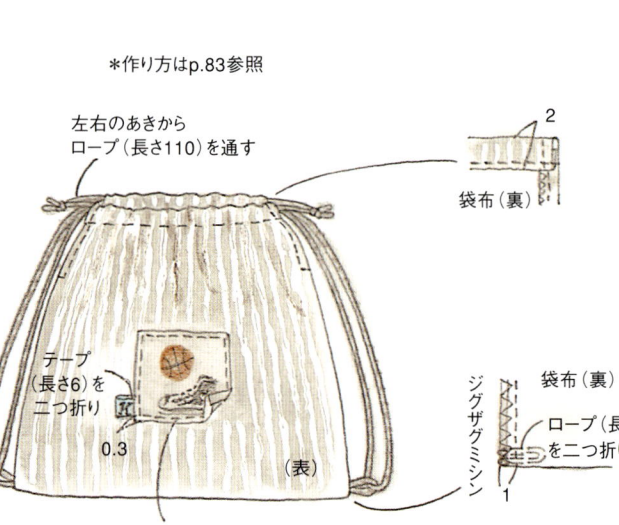

ステンシルの図案（200%に拡大する）
*アルファベットはp.26

ステンシルの図案p.54
（200%に拡大する）

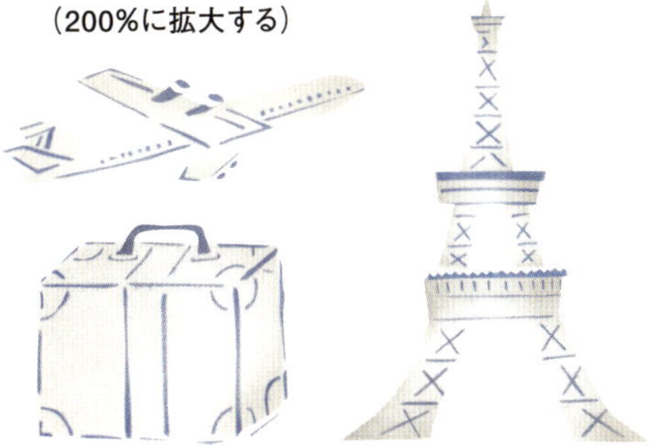

ステンシルの図案p.82（140%に拡大する）

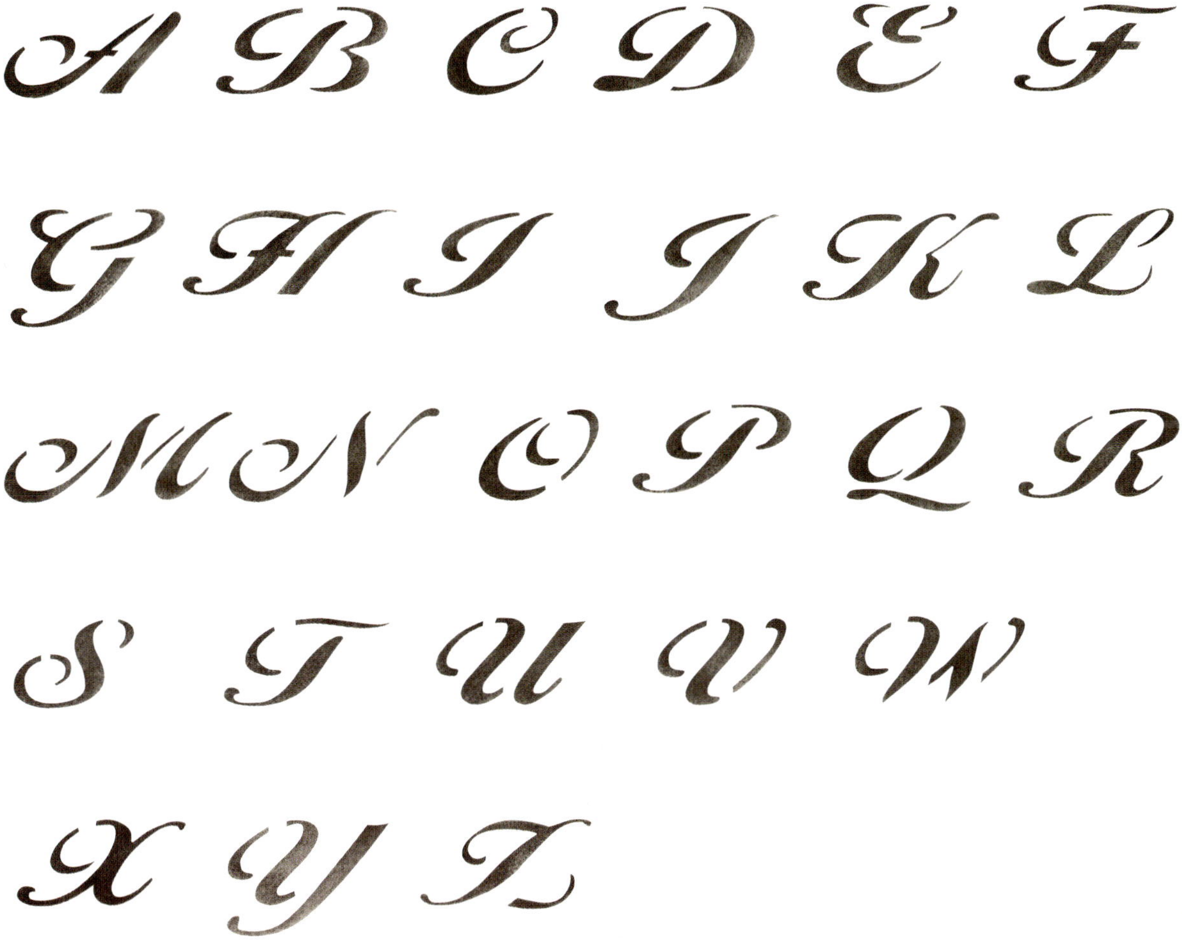

A B C D E F
G H I J K L
M N O P Q R
S T U V W
X Y Z

子どもの袋もの　体操着入れセット

sportswear bag, shoes bag, ball bag

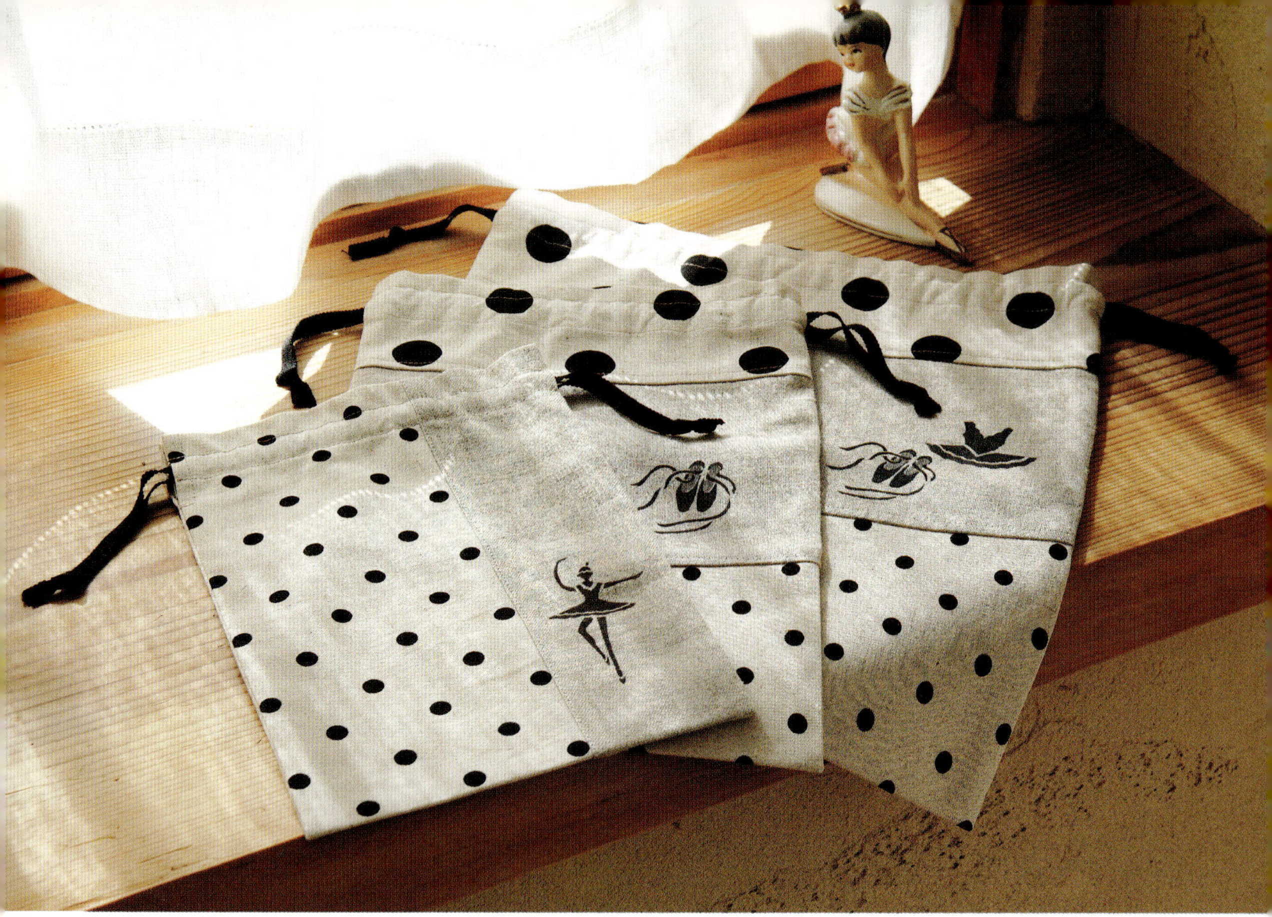

きんちゃく3点セット

sacks

女の子のためのきんちゃくセット。
大きいきんちゃくは体操着入れにしたりシューズバッグにしたり。
小さいきんちゃくはこまかいものの整理袋に。

how to make page 33

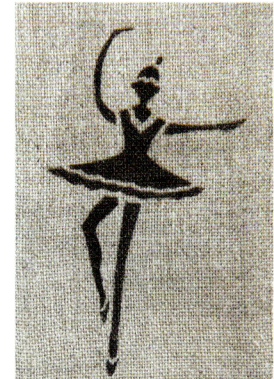

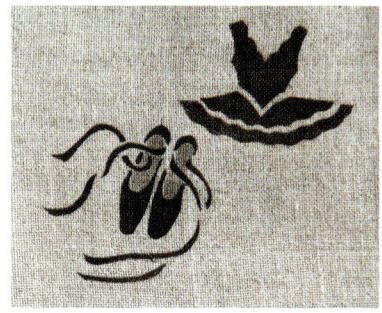

photo...page 32

きんちゃく3点セット

● 材料

布…麻大水玉（きんちゃく大・中のA布分）
40×50cm、麻無地（きんちゃく大・中・小のB布分）50×30cm、麻小水玉（きんちゃく大・中・小のC布分）60×50cm
グログランリボン…0.7cm幅 380cm
ステンシル絵の具…適宜

*ステンシルはぬう前でもいいし、できあがってからでもいい。

きんちゃく大・中

[製図]

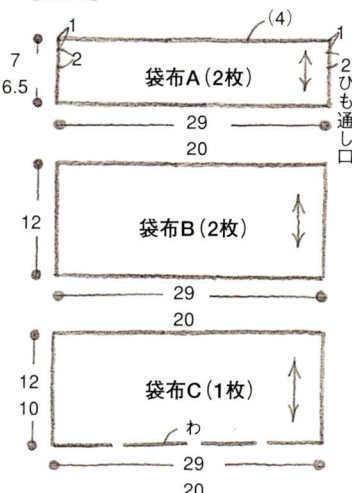

1 A、B、C布をはぎ、脇をぬう

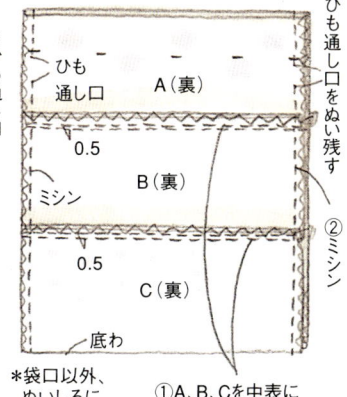

*袋口以外、ぬいしろにジグザグミシンをかけておく

①A、B、Cを中表にぬい合わせ、ぬいしろは上側に倒してステッチ

ステンシルの図案（200%に拡大する）

2 袋口をぬい、ひもを通す

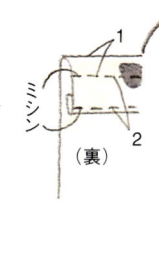

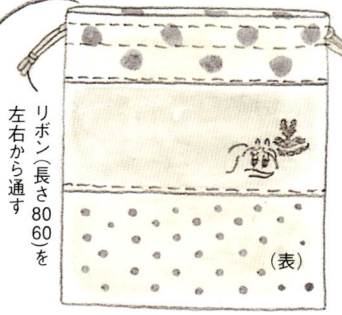

リボン（長さ80 60）を左右から通す

きんちゃく小

[製図]

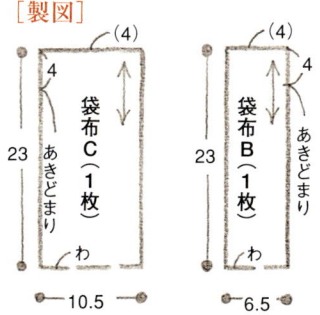

*（ ）のぬいしろをつけて裁つ。
指定以外は1cm

1 B、C布をはぎ、脇をぬう

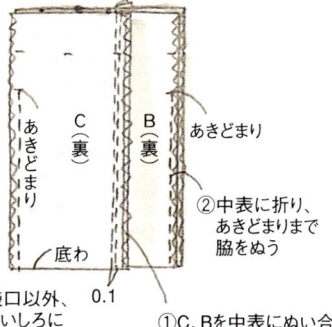

②中表に折り、あきどまりまで脇をぬう

*袋口以外、ぬいしろにジグザグミシンをかけておく

①C、Bを中表にぬい合わせ、ぬいしろはB側に倒してミシン

2 袋口をぬい、ひもを通す

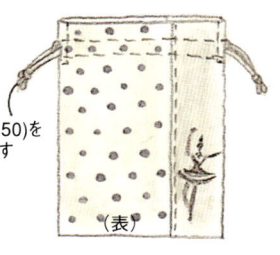

リボン（長さ50）を左右から通す

子どもの袋もの きんちゃく3点セット

sacks

33

ステンシルでお名前つけ
stencil name tag

幼稚園や小学校ではすべての持ち物に
名前をつけなければなりません。
忙しいママにはひと仕事ですが
ステンシルならかんたん。
テープやワッペン、ストラップに
お気に入りのマークといっしょに
名前をつけてあげましょう。

how to make page 35

photo...page 34

ステンシルでお名前つけ

◉材料

【アップリケ（1枚分）】
布…麻10×10cm
25番刺しゅう糸、
ステンシル絵の具…各適宜

【四角いストラップ（1つ分）】
布…麻15×10cm
リックラックテープ…0.6cm幅30cm
化繊わた…少々
ステンシル絵の具…適宜

【まるいストラップ（1つ分）】
布…麻15×10cm
くるみボタン…直径3cmを2個
リックラックテープ…0.6cm幅30cm
ウッドビーズ…直径0.8cmを1個
麻ひも…30cm
ステンシル絵の具…適宜

＊作る前にステンシルする。

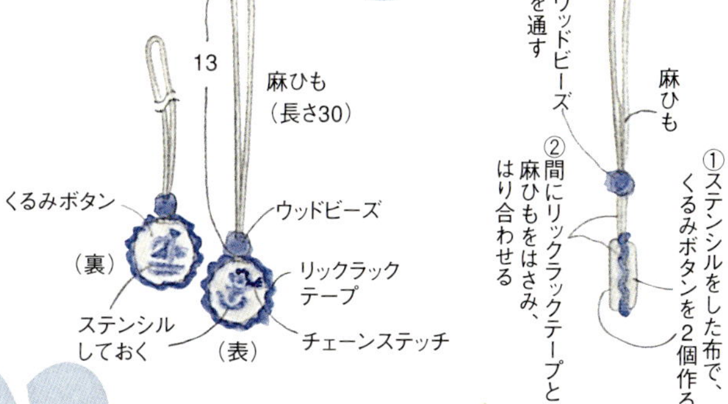

ステンシルの図案（実物大）
＊ひらがなはp.27

アップリケ
［製図］
＊刺しゅうはすべて25番刺しゅう糸2本どり

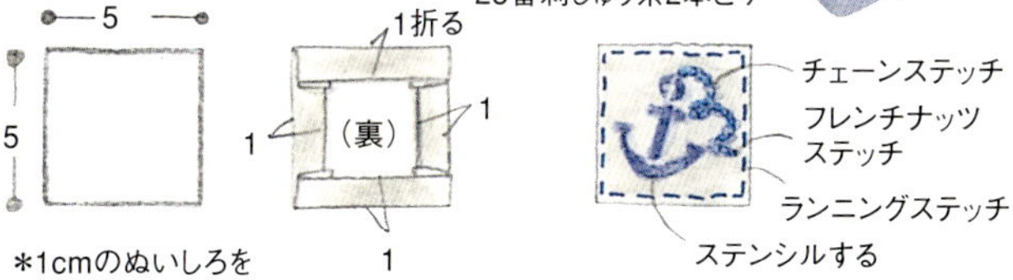

＊1cmのぬいしろをつけて裁つ

チェーンステッチ
フレンチナッツステッチ
ランニングステッチ
ステンシルする

＊ランニングステッチ、フレンチナッツステッチ、チェーンステッチはp.6、7、21

四角いストラップ
［製図］

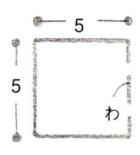

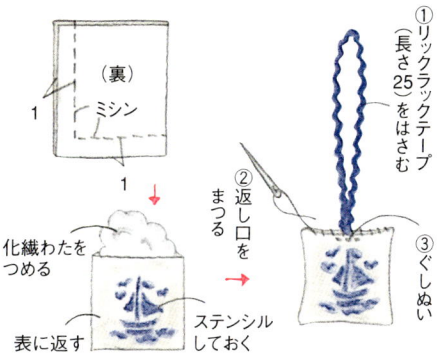

＊1cmのぬいしろをつけて裁つ

化繊わたをつめる
表に返す
ステンシルしておく

①リックラックテープ（長さ25）をはさむ
②返し口をまつる
③ぐしぬい

まるいストラップ

くるみボタン（裏）
ステンシルしておく
麻ひも（長さ30）
ウッドビーズ
リックラックテープ
チェーンステッチ

①ステンシルをした布で、くるみボタンを2個作る
②間にリックラックテープと麻ひもをはさみ、はり合わせる
③ウッドビーズを通す

麻ひも

子どもの袋もの
ステンシルでお名前つけ

stencil name tag

仲よしおやこはいつもおそろい
おやこペアのバッグと小もの

おやこペアのバッグと小もの　グラニーバッグ

granny bag

布、リネンテープ／ホビーラホビーレ

グラニーバッグ
granny bag

まるい持ち手のグラニーバッグは、
昔からずっと人気のある形。
ママのバッグはパープルの
リネンにブルーベリー、
わたしのバッグはピンクのリネンに
さくらんぼをステンシルしました。

how to make page 38

photo...page 36

グラニーバッグ

●材料

【ママのグラニーバッグ】
布…麻のパープル(表袋布分)110cm幅40cm、
　　花プリント(裏袋布、内ポケット分)110cm
　　幅60cm、麻の白(当て布分)50×10cm
輪の持ち手…内径14cmを1組
リネンテープ…0.8cm幅100cm
ステンシル絵の具…適宜

【わたしのグラニーバッグ】
布…麻のピンク(表袋布分)、花プリント(裏
　　袋布、内ポケット分)各110cm幅30cm、
　　麻の白(当て布分)40×10cm
輪の持ち手…内径9cmを1組
リネンテープ…0.5cm幅70cm
ステンシル絵の具…適宜

＊当て布にステンシルしておく。

3 表袋布、裏袋布の脇と底をぬう

グラニーバッグ
[製図]

表袋布(4.5)
裏袋布(裁ち切り)

＊( )のぬいしろを
　つけて裁つ。
　指定以外は1cm
＊2つ並んだ数字は
　上がママ、
　下がわたし。
　1つは共通

表袋布、裏袋布
(各2枚)

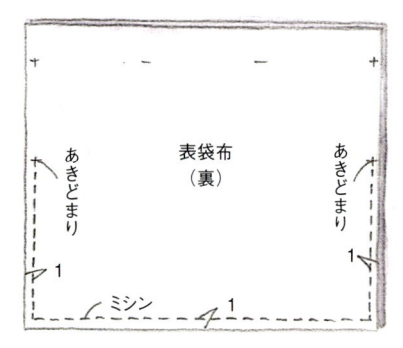

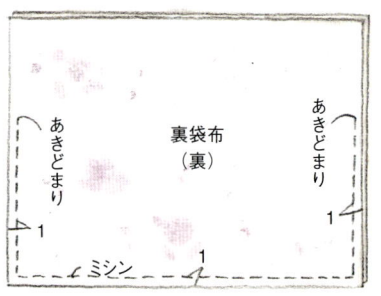

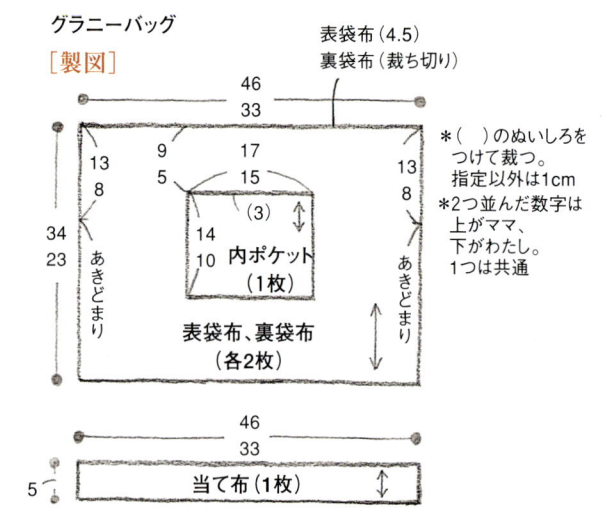

当て布(1枚)

1 表袋布に当て布とリネンテープをつける

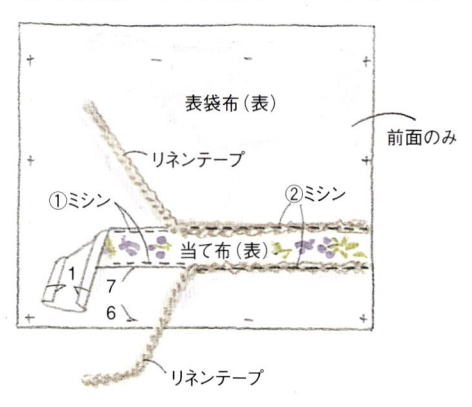

2 内ポケットを作り、裏袋布につける

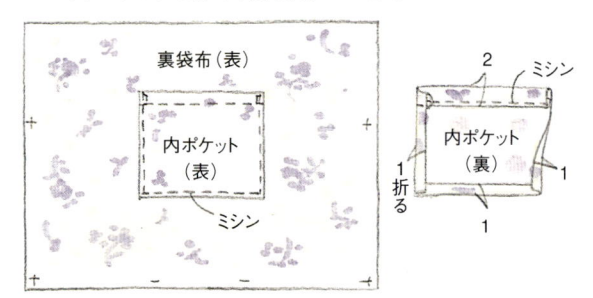

4 表袋と裏袋を合わせてあきをぬう

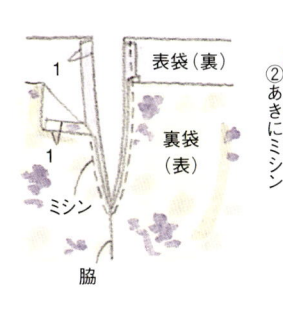

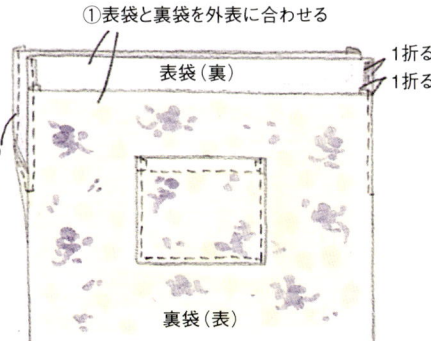

①表袋と裏袋を外表に合わせる
表袋(裏)
1折る
1折る
裏袋(表)
②あきにミシン
裏袋(表)
ミシン
脇

5 袋口を輪の持ち手に通してまつる

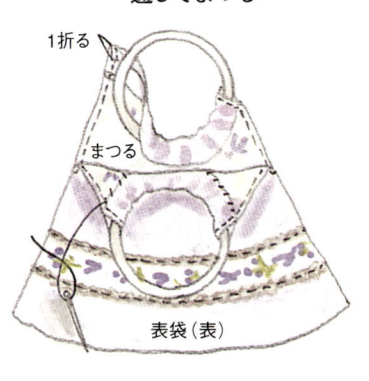

1折る
まつる
表袋(表)

ステンシルの図案
(200%に拡大する)

間隔をあけ、
くり返して
ステンシルする

ステンシルの図案p.58(200%に拡大する)

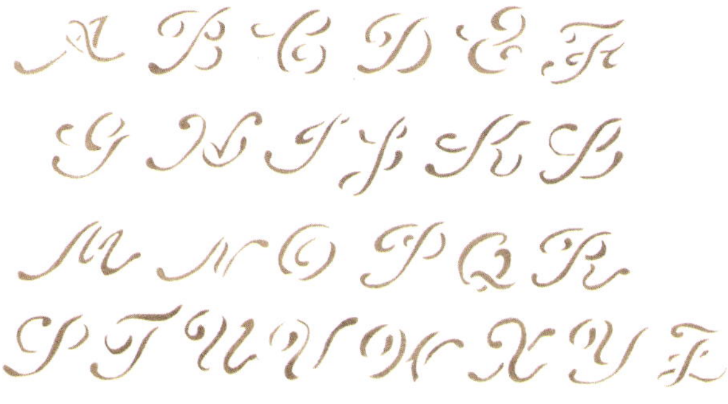

A B C D E F
G H I J K L
M N O P Q R
S T U V W X Y Z

ステンシルの図案p.85(実物大)

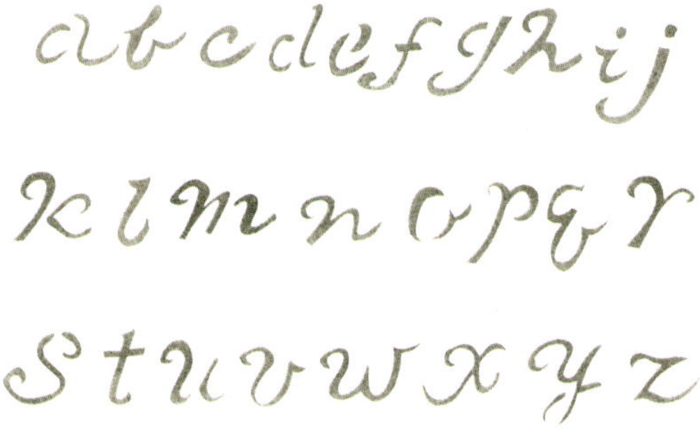

a b c d e f g h i j
k l m n o p q r
s t u v w x y z

おやこペアのバッグと小もの　グラニーバッグ

granny bag

おやこペアのバッグと小もの
グラニーバッグと布小もの

グラニーバッグと布小もの
granny bag , muffler , skirt

how to make page 42

こちらはグラニーバッグの秋冬バージョン。
どんぐりや落ち葉をステンシルしてアップリケしました。
マフラーやスカートもおそろいだから、寒い日のおでかけも楽しくなりそう。

おやこペアのバッグと小もの

グラニーバッグと布小もの

granny bag , muffler , skirt

41

photo...page 40

グラニーバッグと布小もの

◉材料

【ママのグラニーバッグ、マフラー、スカート】

布…ツイードの生成り（バッグのA布分）、ツイードのグレー（バッグのC布分）各40×40cm、麻（バッグのB布、アップリケ布、スカート、ベルト分）、ネル（マフラーの土台布、スカートの裾布分）各110cm幅190cm、ギンガムチェック（バッグの裏袋布分）50×70cm、ウールガーゼ（マフラーの縁布分）40×30cm

籐持ち手…つけ寸法18cmを1組

ゴムテープ…2cm幅70cm

極細毛糸、ステンシル絵の具…各適宜

【わたしのグラニーバッグ、マフラー】

布…ツイードの生成り（バッグのA布、マフラーの縁布A分）、ツイードのグレー（バッグのC布、マフラーの縁布C分）各50×30cm、麻（バッグのB布、アップリケ布、マフラーの裏布分）30×90cm、ギンガムチェック（バッグの裏袋布分）40×50cm、ウールガーゼ（マフラーの土台布分）20×60cm

輪の籐持ち手…内径9cmを1組

極細毛糸、ステンシル絵の具…各適宜

＊アップリケ布とスカートのステンシルはぬう前でもいいし、できあがってからでもいい。

＊スカートはM～Lサイズ用。

グラニーバッグ

[製図]

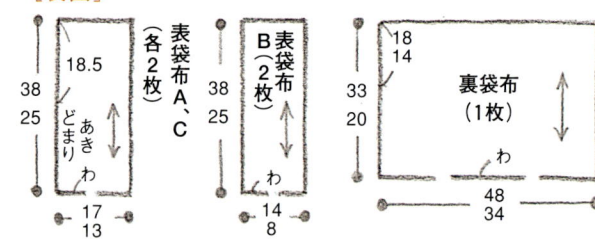

表袋布A、C（各2枚） 38/25 18.5 あきどまり わ 17/13

表袋布B（2枚） 38/25 14/8 わ

裏袋布（1枚） 18/14 33/20 わ 48/34

＊2つ並んだ数字は上がママ、下がわたし
＊1cmのぬいしろをつけて裁つ
＊ママのバッグは底をはぐ

アップリケ布（2枚）
5/4 7/6

わたしのグラニーバッグ

表袋布（表） 布の耳 アップリケ布（表） A B C 中央 6 6 0.5 底

＊作り方はp.38参照

ステンシルの図案（200%に拡大する）

ブランケットステッチ

ママのグラニーバッグ

*作り方はp.38参照
ランニングステッチはp.6

ランニングステッチ（毛糸1本どり）

2.5
まつる

ブランケットステッチ（毛糸1本どり）

はぐ

表袋布（表）

A | B ステッチ | C
2.5
0.2
底をはぐ
7
10
中央
A | B | C

まちをぬう
袋布（裏）
6
脇

ステンシルの図案
（200%に拡大する）

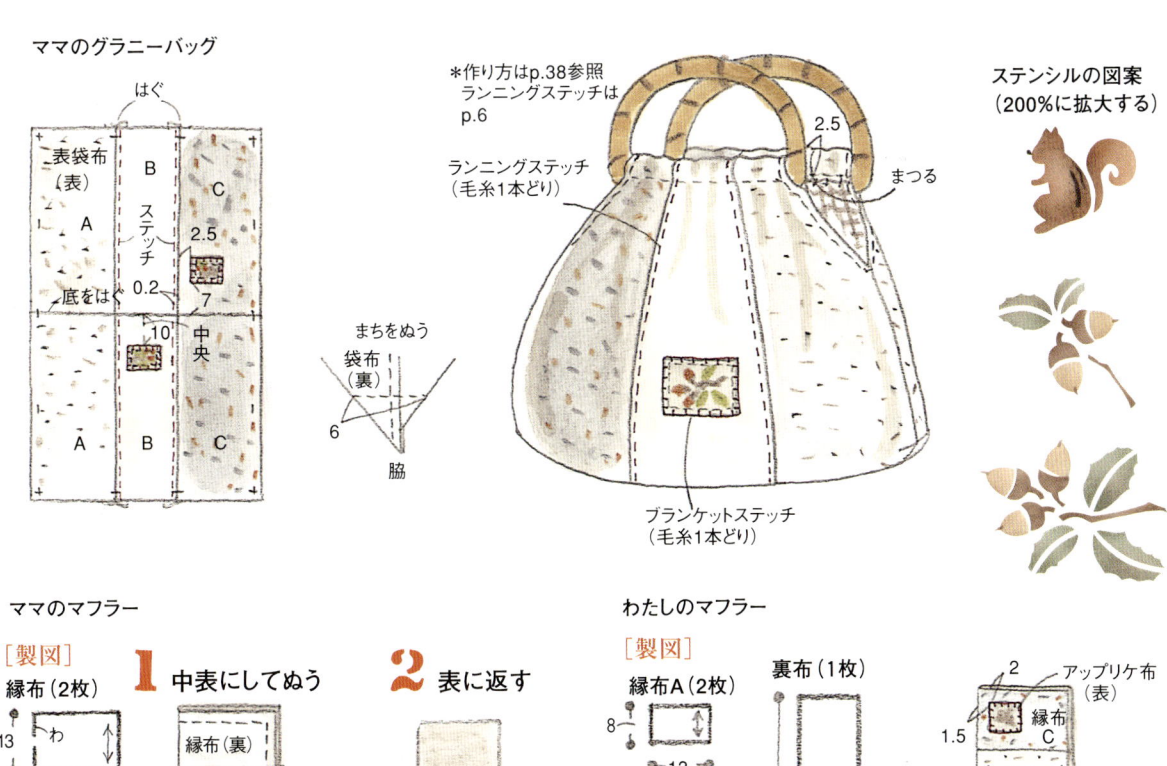

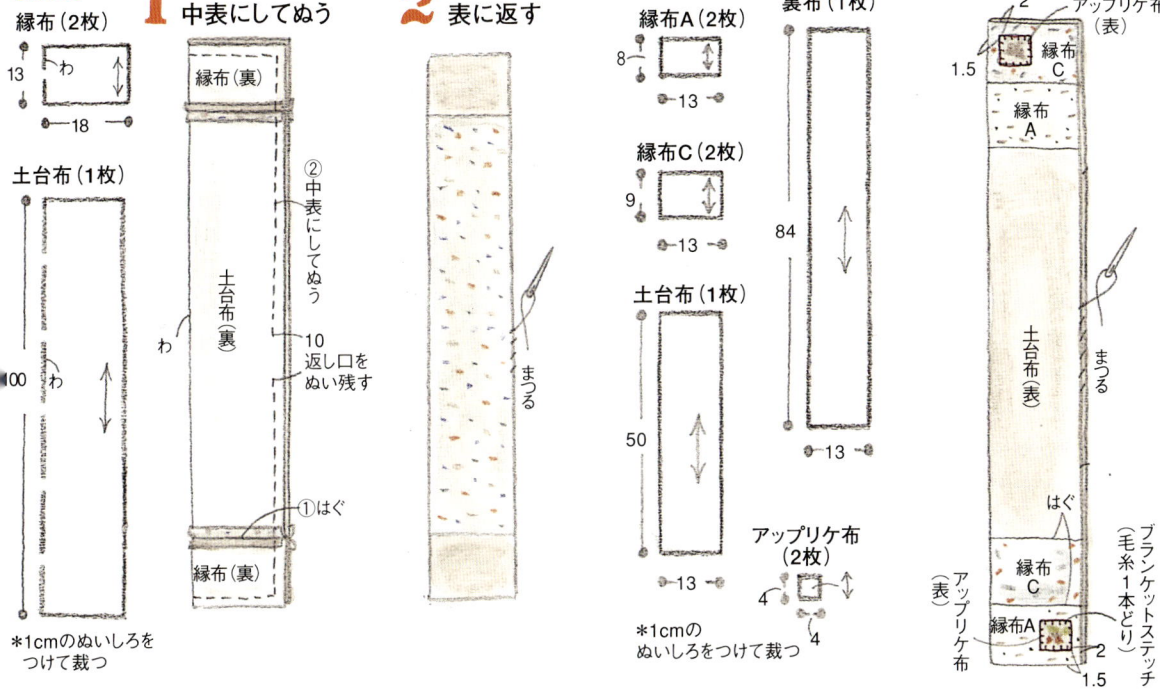

ママのマフラー

[製図]

縁布（2枚）
13 わ
18

土台布（1枚）
わ
∞

1 中表にしてぬう

縁布（裏）
土台布（裏）
②中表にしてぬう
10 返し口をぬい残す
①はぐ
縁布（裏）

2 表に返す

まつる

わたしのマフラー

[製図]

縁布A（2枚）
8
13

縁布C（2枚）
9
13

土台布（1枚）
50
13

アップリケ布（2枚）
4
4

*1cmのぬいしろをつけて裁つ

裏布（1枚）
84
13

2
アップリケ布（表）
1.5
縁布C
縁布A
土台布（表）
まつる
はぐ
縁布C（表）
ブランケットステッチ（毛糸1本どり）
縁布A（表）
アップリケ布
1.5

*1cmのぬいしろをつけて裁つ

ママのスカート

[製図]

ベルト（1枚） 2.5 / わ / 52 / *1cmのぬいしろをつけて裁つ

スカート（2枚）
- 2.5 4 4 3
- 4.5
- タック タック タック タック
- 10
- 14
- 3 3 5.5 3
- 47 / わ
- 45

裾布（2枚）
- 23 / わ / わ

1 タックをぬう
中表に折ってぬう → 右側に倒す
スカート（裏） / スカート（表）

2 ベルトを作る
ゴムテープ通し口を残す
1 / 3.5 / ベルト（裏） / わ / ミシン

3 脇をぬう
4 裾布の脇をぬう
5 裾布をつける
6 ベルトをつける

ベルト（裏）
スカート（裏）
裾布（裏）
裾

スカート（裏） / ②ぬい目のきわにまつる / 裾布（表） / 裾わ

① ランニングステッチ（毛糸1本どり）
② ぬい目のきわにまつる
③ 0.2ミシン
④ ゴムテープを通し、1重ねてぬう

折る
ベルト（表）
スカート（表）
裾布（表）
0.2
*ランニングステッチはp.6

おやこペアのバッグと小もの / グラニーバッグと布小もの

granny bag, muffler, skirt

ステンシルの図案p.82（160％に拡大する）

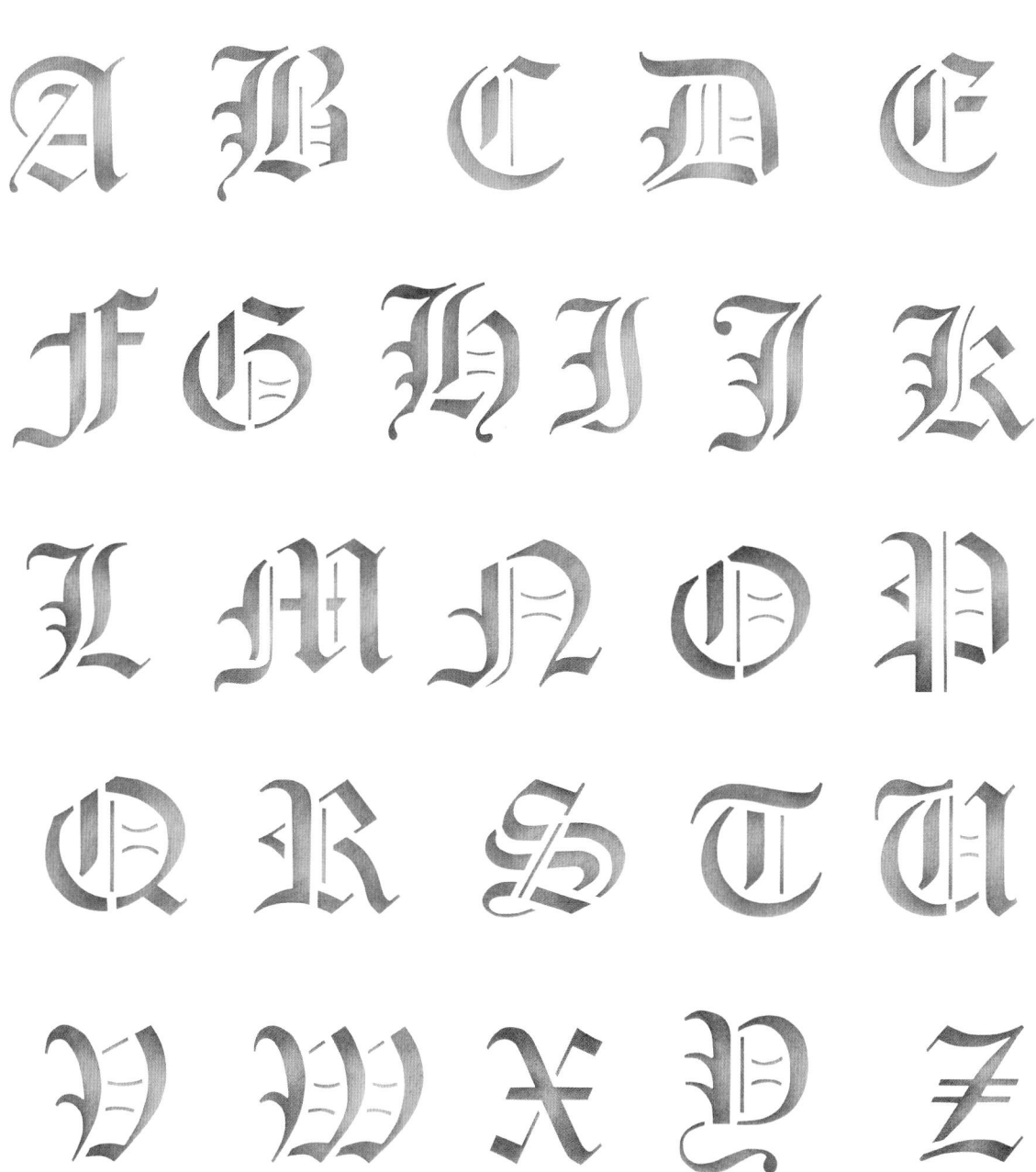

A B C D E
F G H I J K
L M N O P
Q R S T U
V W X Y Z

おやこペアのバッグと小もの

グラニーバッグと布小もの

granny bag, muffler, shirt

45

トートバッグ
tote bag

小ぶりでもたくさん入るバケツ型トート。
ママのバッグにはオリーブ、わたしのバッグにはベリーの葉っぱをステンシル。
それぞれ、ボタンとビーズで実をあしらいました。

how to make page 48

布、ボタン、ビーズ／ホビーラホビーレ

おやこペアのバッグと小もの　トートバッグ

tote bag

47

photo…page 46

トートバッグ

◉材料

【ママのバッグ】
布…麻(表袋布、持ち手分)、花プリント(裏袋布、内ポケット分)各110cm幅70cm
ボタン…直径1.5cmを適宜
接着芯…110cm幅70cm
厚手接着芯…20×10cm
ステンシル絵の具…適宜

【わたしのバッグ】
布…麻(表袋布、持ち手分)、花プリント(裏袋布、内ポケット分)各70×60cm
ビーズ…スワロフスキーのソロバン型4mmを適宜
接着芯…70×60cm
厚手接着芯…20×10cm
ステンシル絵の具…適宜

＊ぬう前に表袋布に接着芯をはる。ステンシルはぬう前でもいいし、できあがってからでもいい。好みの位置にボタンやビーズをつける。

トートバッグ
[製図]

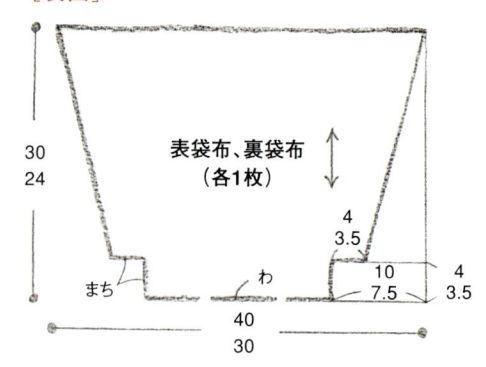

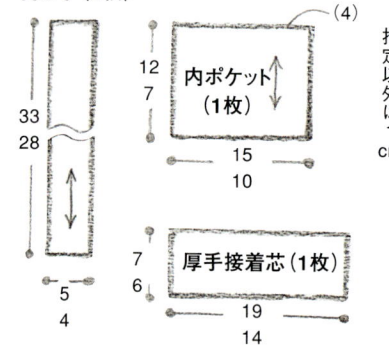

表袋布、裏袋布 (各1枚)
30 / 24
まち
わ
4 / 3.5
10 / 7.5
4 / 3.5
40 / 30

持ち手(2枚)
33 / 28
5 / 4

内ポケット(1枚)
(4)
12 / 7
15 / 10

厚手接着芯(1枚)
7 / 6
19 / 14

＊2つ並んだ数字は上がママ、下がわたし。1つは共通
＊( )のぬいしろをつけて裁つ。指定以外は1cm

1 底に厚手接着芯をはる

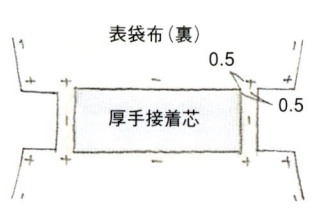

表袋布(裏)
0.5
0.5
厚手接着芯

＊芯のかわりに、できあがってから厚紙を中に入れてもいい

2 内ポケットを作り、裏袋布につける

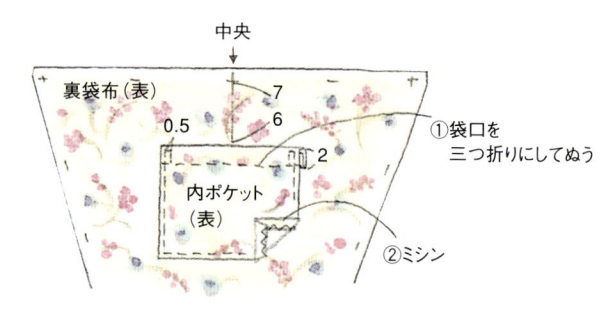

中央
裏袋布(表)
0.5
7
6
2
内ポケット(表)

①袋口を三つ折りにしてぬう
②ミシン

3 持ち手を作る

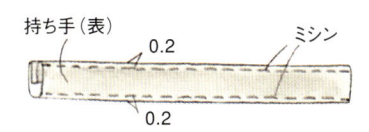

持ち手（表）　0.2　ミシン
0.2

4 表袋布と裏袋布を中表に合わせてぬう

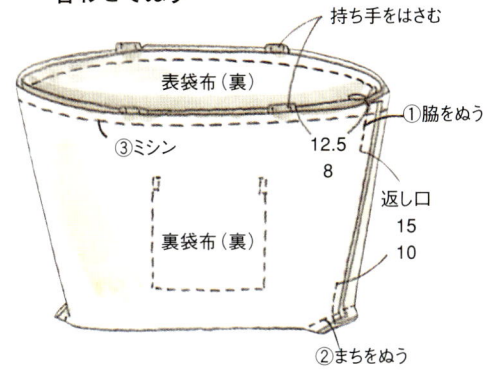

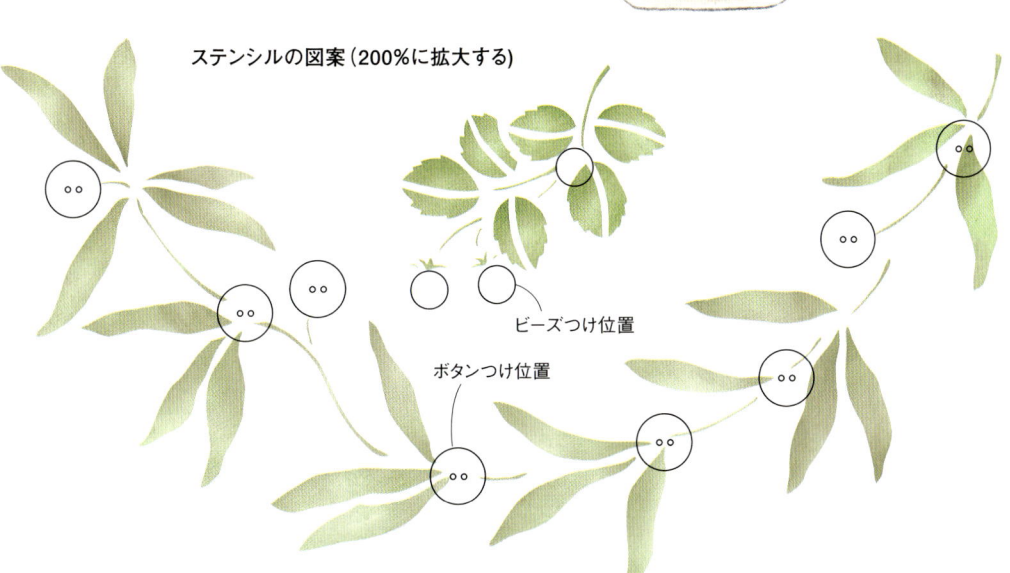

持ち手をはさむ
表袋布（裏）
③ミシン
①脇をぬう
12.5
8
返し口
15
10
②まちをぬう
裏袋布（裏）

持ち手
裏袋（表）
0.2
ミシン
ボタン
前面のみ
表袋（表）

＊ママのバッグと同様に作る
ビーズ

ステンシルの図案（200%に拡大する）

ビーズつけ位置
ボタンつけ位置

トートバッグ
tote bag

リネンにマリン柄をあしらったトートバッグ。
ママのは買い物バッグにもなるゆったりトートで、わたしのはミニトート。
持ち手につけられる携帯ケースのおまけつきです。

how to make page 52

布、リネンテープ、ロープ／ホビーラホビーレ

おやこペアのバッグと小もの　トートバッグ

tote bag

photo…page50

トートバッグ

●材料

【ママのバッグ、携帯ケース】

布…麻無地（バッグの表袋上布、携帯ケースの表袋布分）、麻ストライプ（バッグの表袋下布分）各50×40cm、綿ストライプ（バッグの裏袋布、内ポケット、携帯ケースの裏袋布分）110cm幅60cm

リネンテープ…（バッグの表持ち手、携帯ケースのふた分）2.8cm幅110cm

綿ベルト…（バッグの裏持ち手分）2.8cm幅80cm

接着芯…50×70cm

ロープ…太さ0.5cmを30cm

ナスカン…3cmを1個

マグネットホック…直径1cmを1組

ステンシル絵の具…適宜

【わたしのバッグ】

布…麻無地（バッグの表袋上布分）、麻ストライプ（バッグの表袋下布分）各40×30cm、綿プリント（バッグの裏袋布、内ポケット分）70×50cm

リネンテープ…（バッグの表持ち手分）2.6cm幅70cm

綿ベルト…（バッグの裏持ち手分）2.6cm幅70cm

接着芯…40×60cm

ステンシル絵の具…適宜

＊ぬう前にステンシルする。

携帯ケース

[製図]

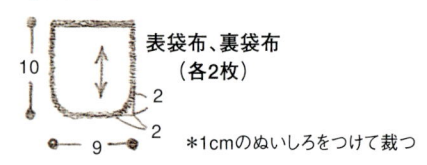

表袋布、裏袋布（各2枚）

＊1cmのぬいしろをつけて裁つ

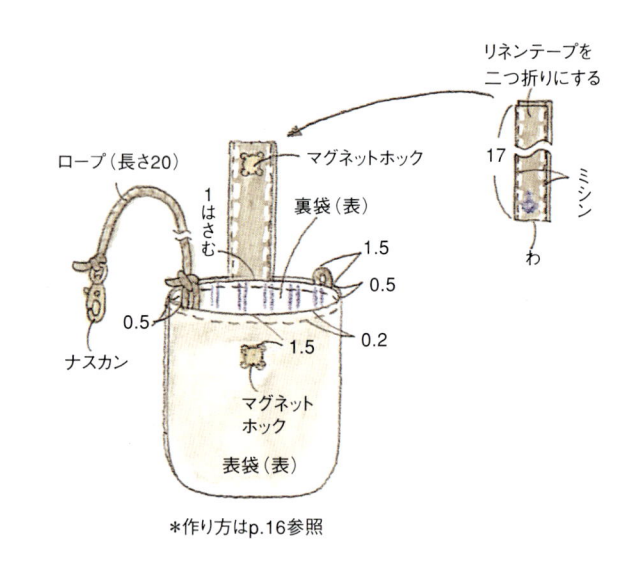

リネンテープを二つ折りにする

＊作り方はp.16参照

ステンシルの図案（実物大）

トートバッグ

[製図]

表袋上布（2枚） 18/13 × 40/30

表袋下布（1枚） 15/13 × 40/30 まち わ 5/5

裏袋布（1枚） 27/20 × 40/30 まち わ 5/5

内ポケット（1枚）(3) 18/8.5 × 40/30

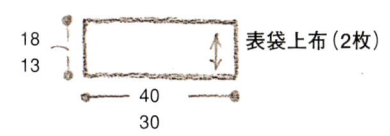

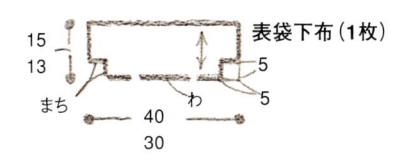

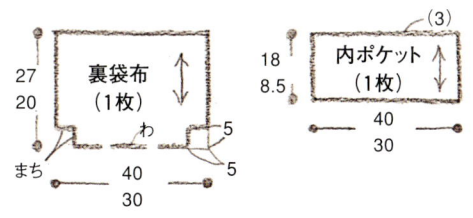

*2つ並んだ数字は上がママ、下がわたし。1つは共通
*（ ）のぬいしろをつけて裁つ。指定以外は1cm

1 表袋布の上下をはぐ

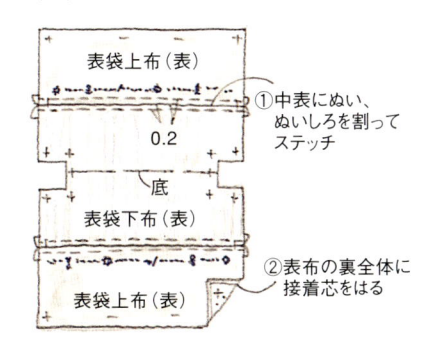

- ①中表にぬい、ぬいしろを割ってステッチ
- ②表布の裏全体に接着芯をはる

表袋上布（表） / 底 / 表袋下布（表） / 表袋上布（表）
0.2

2 内ポケットを作り、裏袋布につける

- ①底のぬいしろにジグザグミシン
- ②ポケット口を三つ折りにしてぬう
- ③裏袋布に内ポケットをつける
- ④仕切りをぬう（わたしは中央1カ所のみぬう）

3/5　内ポケット（表）　2　底　裏袋布（表）

3 持ち手を作る

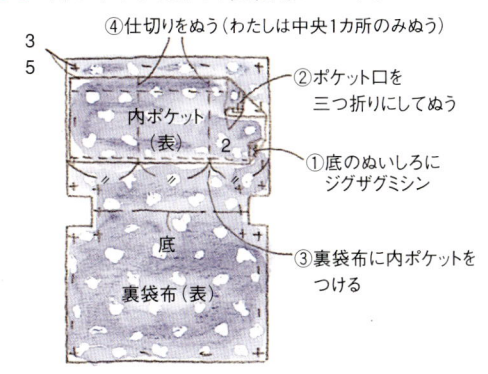

リネンテープ　綿ベルト
0.3
長さママ35、わたし32

4 表袋と、裏袋を合わせて袋口をぬう

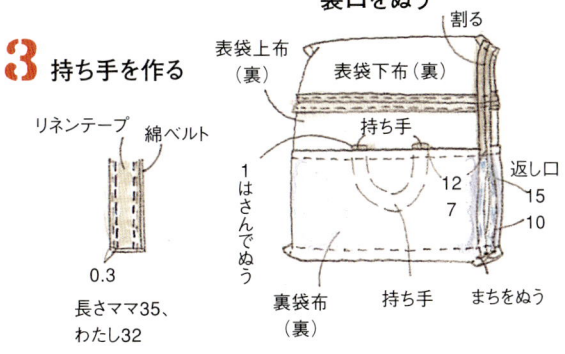

割る
表袋上布（裏）　表袋下布（裏）
持ち手　返し口 15/10　12/7
1ははさんでぬう
裏袋布（裏）　持ち手　まちをぬう

5 表に返して袋口をぬう

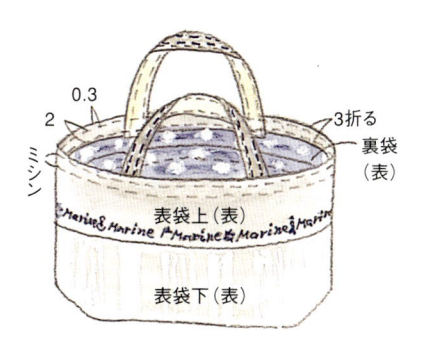

0.3　2　3折る
ミシン　裏袋（表）　表袋上（表）　表袋下（表）

ショルダーバッグとリュックサック
shoulder bag , rucksack

旅行モチーフをステンシルしたショルダーバッグとリュックサック。
テープや刺しゅうなど、全体をトリコロールカラーでまとめたおしゃれなペアです。

how to make page 56

おやこペアのバッグと小もの

ショルダーバッグとリュックサック

shoulder bag, rucksack

55

photo...page 54

ショルダーバッグと
リュックサック

●材料

【ショルダーバッグ】
布…麻無地(表袋布、持ち手分)110cm
幅80cm、麻杉綾(表まち、アップリケ
布分)60×30cm、花プリント(裏袋布、
裏まち分)70×70cm
ロープ…(持ち手芯分)太さ1cmを160cm
リネンテープ…1cm幅30cm
キルトピン…長さ5cmを1個
ステンシル絵の具…適宜

【リュックサック】
布…麻無地(表袋下布分)60×20cm、麻
杉綾(表袋上布、肩ひも、アップリケ布
分)70×40cm、ギンガムチェック(裏袋
布分)60×30cm
ロープ…太さ1cmを70cm
リネンテープ…1cm幅10cm
極細毛糸、ステンシル絵の具…各適宜

*アップリケ布にステンシルしておく。
*リュックサックは身長110cmくらいまで。

*ステンシルの図案はp.31

ショルダーバッグ
[製図]

まち
(表布、裏布各2枚)

アップリケ
A(2枚)
B(1枚)

*まわりは裁ち切り。
ピンキングばさみで
カットする

*1cmのぬいしろをつけて裁つ

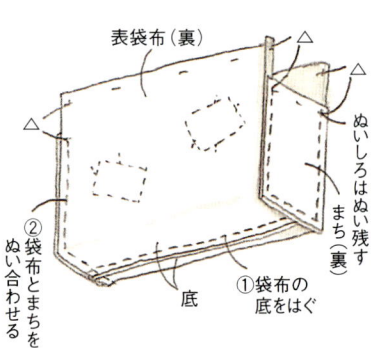

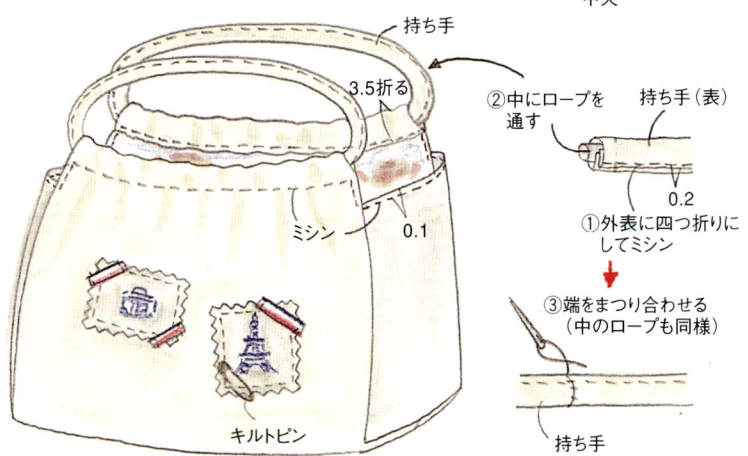

1 表袋布にアップリケをつける

前　後ろ

2 表袋布、裏袋布にまちを
つける

リュックサック

[製図]

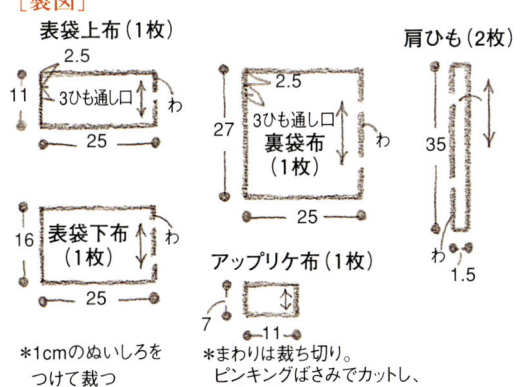

表袋上布（1枚）
2.5
11
3ひも通し口
25
わ

表袋下布（1枚）
16
25
わ

裏袋布（1枚）
2.5
27
3ひも通し口
25
わ

肩ひも（2枚）
35
1.5
わ

アップリケ布（1枚）
7
11

*1cmのぬいしろをつけて裁つ

*まわりは裁ち切り。ピンキングばさみでカットし、毛糸で飾りステッチ

1 表袋布をはぎ、アップリケをつける

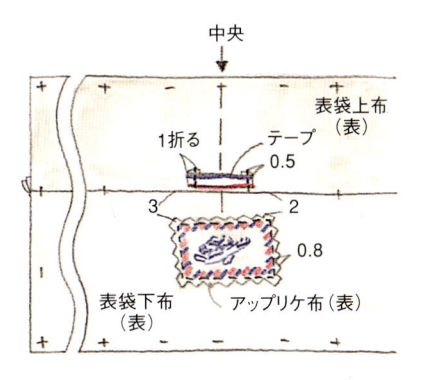

中央
表袋上布（表）
1折る
テープ
0.5
3　2
0.8
表袋下布（表）
アップリケ布（表）

2 表袋布、裏袋布の後ろ中央をぬい、底をぬう

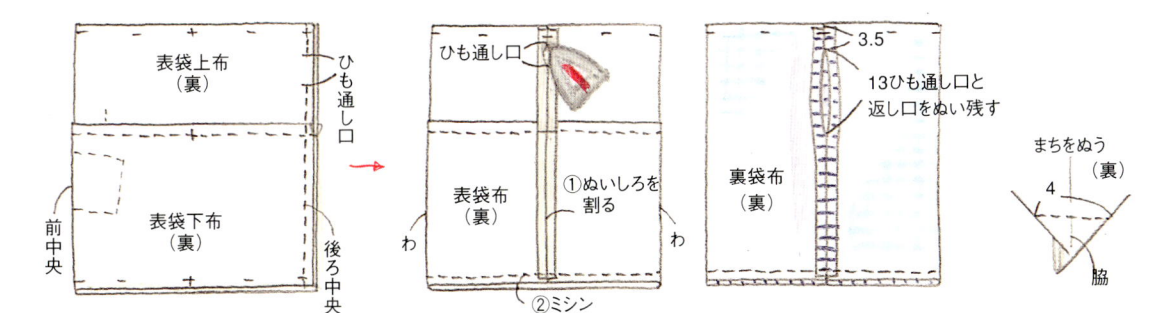

表袋上布（裏）
ひも通し口
表袋下布（裏）
前中央
後ろ中央

ひも通し口
表袋布（裏）
①ぬいしろを割る
②ミシン
わ

3.5
13ひも通し口と返し口をぬい残す
裏袋布（裏）

まちをぬう
4
（裏）
脇

3 表袋、裏袋を合わせて袋口をぬい、表に返して返し口をまつり、袋口にステッチ

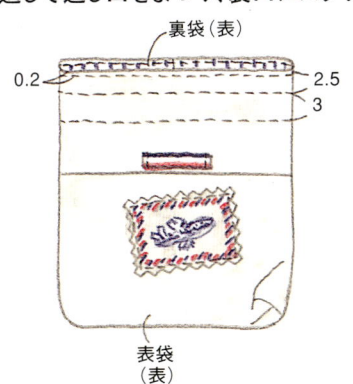

裏袋（表）
0.2
2.5
3
表袋（表）

4 肩ひもを作り、つける

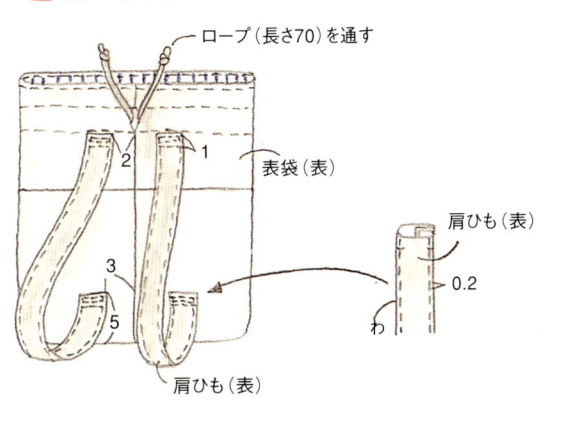

ロープ（長さ70）を通す
2　1
表袋（表）
3
肩ひも（表）

肩ひも（表）
0.2
わ

口金バッグ
clasp bag

花模様をステンシルしてアップリケした口金バッグ。
リネンとタータンチェックは服に合わせて使い分けたら楽しい。
ちょっとしたおでかけ用にいかがですか。

how to make page 60

布（リネン）／ホビーラホビーレ

おやこペアのバッグと小もの 口金バッグ

clasp bag

59

photo...page 58

口金バッグ

◉材料

【リネン(大)】
布…麻(表袋布分)、水玉(裏袋布、内ポケット分)各40×60cm、ギンガムチェック(アップリケ布分)10×10cm
口金…15cm幅の角型を1個
革の持ち手(引き輪つき)…長さ33cmを1本
リックラックテープ…0.3cm幅30cm
接着芯…40×60cm
ステンシル絵の具…適宜

【リネン(小)】
布…麻(表袋布分)、水玉(裏袋布、内ポケット分)各30×40cm、ギンガムチェック(アップリケ布分)10×10cm
口金…15cm幅の角型を1個
革の持ち手(引き輪つき)…長さ19cmを1本
リックラックテープ…0.3cm幅30cm
接着芯…30×40cm
ステンシル絵の具…適宜

【タータンチェック(大)】
布…タータンチェック(表袋布分)、水玉(裏袋布、内ポケット分)各40×60cm、麻(アップリケ布分)20×10cm
口金…15cm幅の角型を1個
リボン…1cm幅の花柄、1.3cm幅のチェック柄(持ち手分)各40cm
ナスカン…3.5cmを2個
接着芯…40×60cm
25番刺しゅう糸、ステンシル絵の具…各適宜

【タータンチェック(小)】
布…タータンチェック(表袋布分)、花プリント(裏袋布、内ポケット分)各30×40cm、麻(アップリケ布分)10×10cm
口金…15cm幅の角型を1個
リボン…1cm幅の花柄、1.3cm幅のチェック柄(持ち手分)各30cm
ナスカン…3.5cmを2個
接着芯…30×40cm
25番刺しゅう糸、ステンシル絵の具…各適宜

＊アップリケ布にステンシルしておく。

口金バッグ
[製図]
内ポケット(1枚) 9/6.5 × 13/10.5 (3)
アップリケ布(1枚) リネン大 5×6 / リネン小 5×5

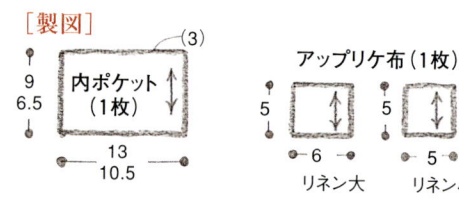

＊2つ並んだ数字は上が大、下が小。1つは共通
＊( )のぬいしろをつけて裁つ。指定以外は1cm

1 表袋布、裏袋布をぬう

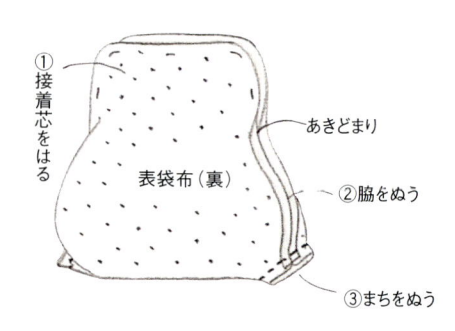

①接着心をはる
表袋布(裏)
あきどまり
②脇をぬう
③まちをぬう

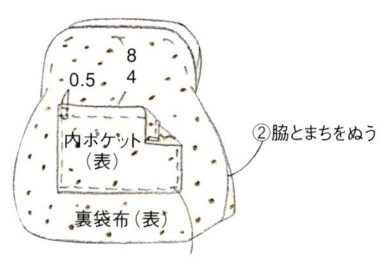

8 4
0.5
内ポケット(表)
裏袋布(表)
②脇とまちをぬう
①内ポケットを作り、つける

2 口金をつける

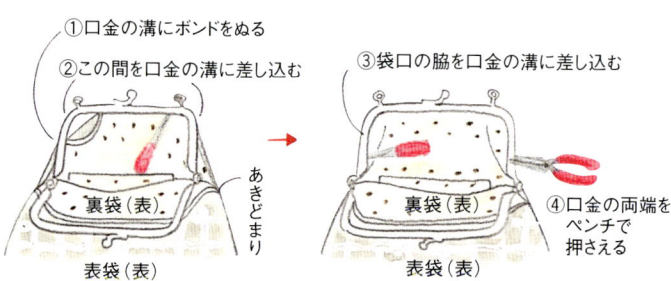

①口金の溝にボンドをぬる
②この間を口金の溝に差し込む
裏袋(表)
表袋(表)
あきどまり

③袋口の脇を口金の溝に差し込む
④口金の両端をペンチで押さえる
裏袋(表)
表袋(表)

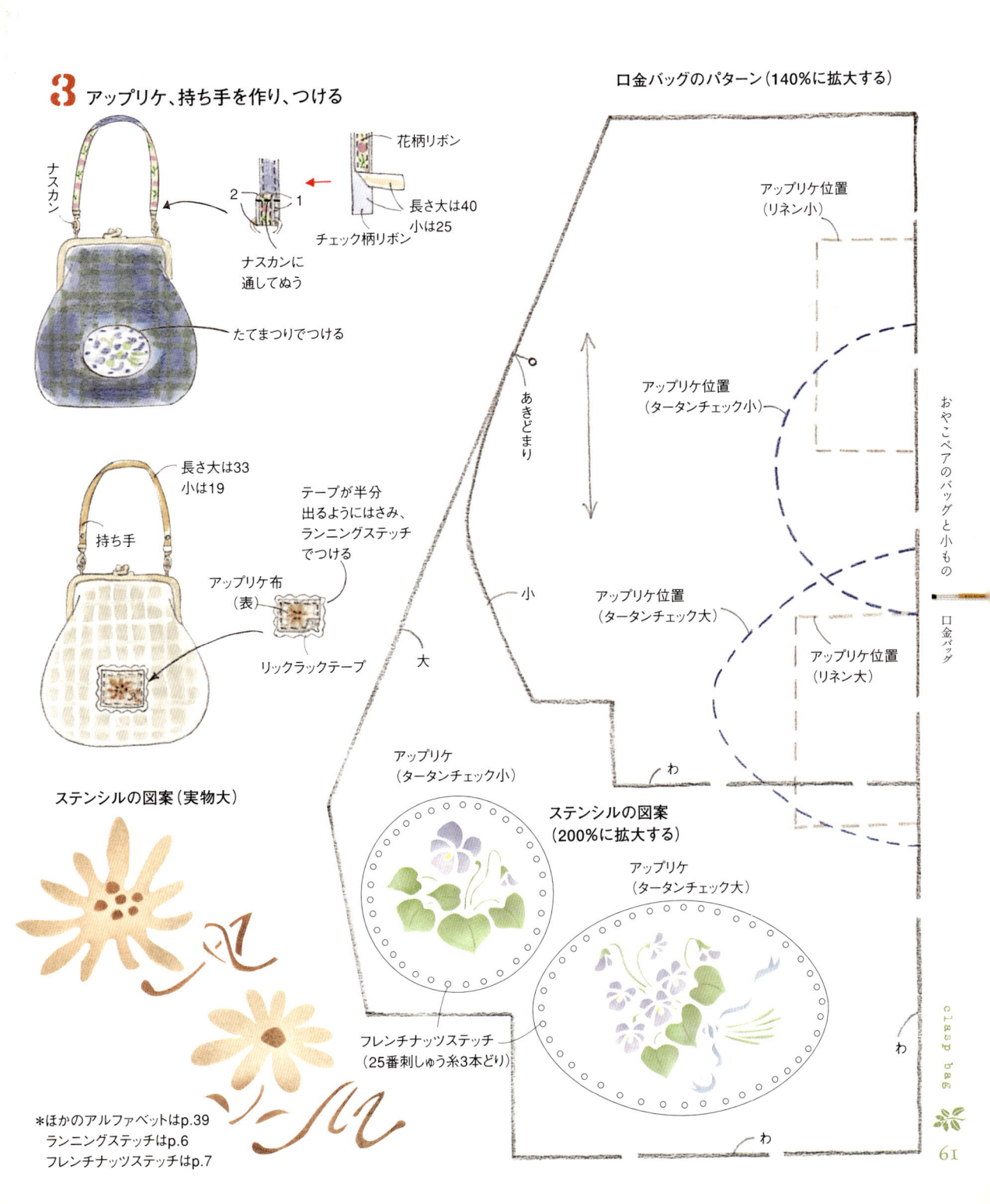

3 アップリケ、持ち手を作り、つける

ナスカン

花柄リボン
長さ大は40
小は25
チェック柄リボン
ナスカンに通してぬう

たてまつりでつける

長さ大は33
小は19

持ち手

テープが半分出るようにはさみ、ランニングステッチでつける

アップリケ布（表）

リックラックテープ

ステンシルの図案（実物大）

*ほかのアルファベットはp.39
ランニングステッチはp.6
フレンチナッツステッチはp.7

口金バッグのパターン（140％に拡大する）

アップリケ位置（リネン小）

アップリケ位置（タータンチェック小）

あきどまり

アップリケ位置（タータンチェック大）

アップリケ位置（リネン大）

小

大

わ

アップリケ（タータンチェック小）

ステンシルの図案（200％に拡大する）

アップリケ（タータンチェック大）

フレンチナッツステッチ（25番刺しゅう糸3本どり）

わ

わ

おやこペアのバッグと小もの　口金バッグ

clasp bag

おつかいセット
tote bag , flat bag , skirt , wallet

買い物バッグ、手さげ袋、小銭入れをおそろいで作りました。
雪の結晶や、小さな野の花をステンシル。
ママのバッグとおそろいのスカートをはいておでかけしましょう。

おやこペアのバッグと小もの　おつかいセット

tote bag , flat bag , skirt , wallet

63

photo...page 62

おつかいセット

◉材料

キッチンクロス…(買い物バッグ、スカート、手さげ袋の切り替え布、持ち手分)45×60cmを3枚

布…麻(手さげ袋の袋布、小銭入れ大・小の表袋布分)50×50cm、花プリント(小銭入れ大・小の裏袋布分)30×30cm

綿綾テープ…2.5cm幅60cm(買い物バッグの持ち手分)、2cm幅10cm(手さげ袋の名前つけ分)

ゴムテープ…0.6cm幅40cm

口金…8cm幅、5cm幅の丸型を各1個

接着芯…30×30cm(小銭入れ大・小の表袋布分)

ステンシル絵の具…適宜

＊小銭入れはぬう前にステンシルする。ほかはぬってからでもいい。
＊スカートは身長100～110cm用。

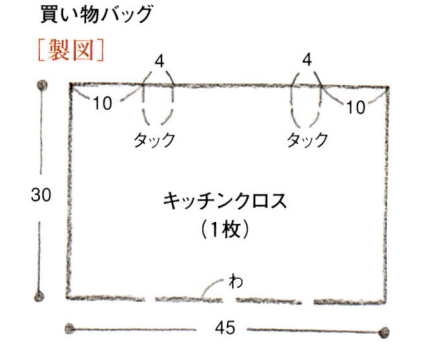

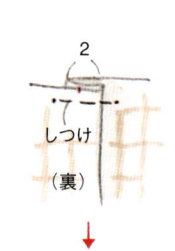

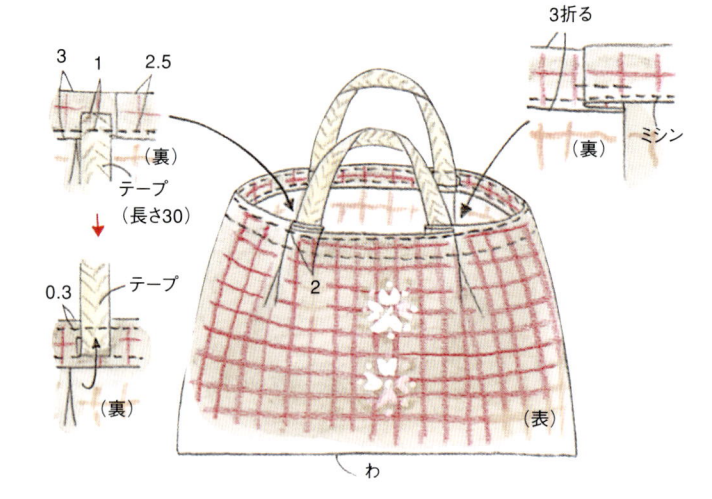

買い物バッグ
[製図]

キッチンクロス(1枚)
30 × 45
タック 10 4 4 10
わ

2 しつけ(裏)

3折る ミシン(裏)

3 1 2.5 (裏) テープ(長さ30)

0.3 テープ(裏)

2 (表) わ

ステンシルの図案(実物大)

手さげ袋
[製図]

袋布（1枚）
- 19
- 20
- (3.5)
- わ

切り替え布（1枚）
- 19
- 5
- (3.5)
- わ

持ち手（2枚）
- 23
- 4
- 裁ち切り

*（ ）のぬいしろをつけて裁つ。
指定以外は1cm

*切り替え布と持ち手はスカートを裁った残りの
キッチンクロスで裁つ

（組立図）
- 6
- 0.5
- 切り替え布（表）
- （表）
- 0.1
- テープ
- 0.3
- 2
- 2
- 底わ
- ミシン
- 切り替え布（表）

持ち手（表）
- 四つ折りにして
- ミシン
- 0.2
- 1

2.5
持ち手をはさみ
三つ折りにして
ぬう
（裏）
持ち手

ミシン
上に折る

スカート
[製図]

残った布で手さげ袋の切り替え布と
持ち手を裁つ

- キッチンクロス 9.5
- スカート（2枚）
- 45
- 30
- わ

スカート（裏）
- 2.5
- 1

ゴムテープを通す
0.8
脇をぬう

スカート（裏）
- 3.5
- 1
- あきどまり

小銭入れのパターン（実物大）

表袋布、裏袋布
（各2枚）

大
小
あきどまり
わ

小銭入れ

*作り方はp.60参照

ステンシルの図案
（実物大）

*ひらがなはp.27

おそうじセット
apron , babushka , broom cover

おやこペアのエプロンやバブーシュカに
マトリョーシカをステンシル。
ほうきにおそろいのカバーをつけたら、
おそうじも楽しくなります。

how to make page 68

布（プリント）／ホビーラホビーレ

おやこペアのバッグと小もの

おそうじセット

apron, babushka, broom cover

おそうじセット

photo...page 66

●材料

布…麻（わたしのエプロン、ママのエプロンとポケットとひも、バブーシュカの土台布、ほうきカバーの土台布分）110cm幅120cm、花プリント(A分) 30×10cm、花プリント(C分) 10×10cm、花プリント(D分) 50×10cm、花プリント(E分) 20×10cm、花プリント(G分) 10×10cm、花プリント(I分) 30×10cm、ストライプ(B分) 10×10cm、ストライプ(H分) 20×10cm、ギンガムチェック(F分) 60×10cm、水玉(J分) 60×10cm

ステンシル絵の具…適宜

*ステンシルはぬう前でもいいし、できあがってからでもいい。

*ママのエプロンはフリーサイズ。わたしのエプロンは身長100〜110cm用、バブーシュカは頭回り55cmくらいまで使用可能。

ママのエプロン

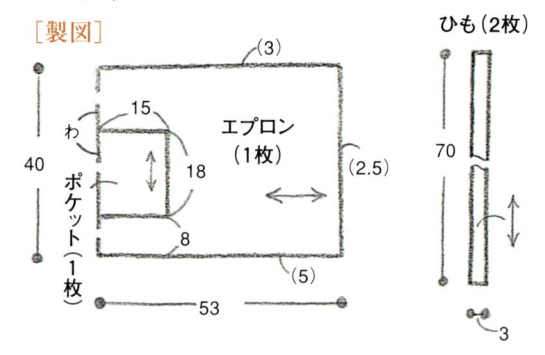

[製図]

エプロン(1枚) 40 × 53、(3)、(2.5)、(5)
ポケット(1枚) 15 × 18、わ、8
ひも(2枚) 70 × 3

ポケット口の縁どり布（各1枚）

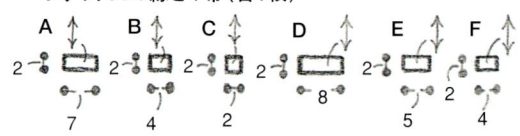

A 2×7
B 2×4
C 2×2
D 2×8
E 2×5
F 2×4

*（ ）のぬいしろをつけて裁つ。指定以外は1cm

1 ポケット口に縁どり布をつける

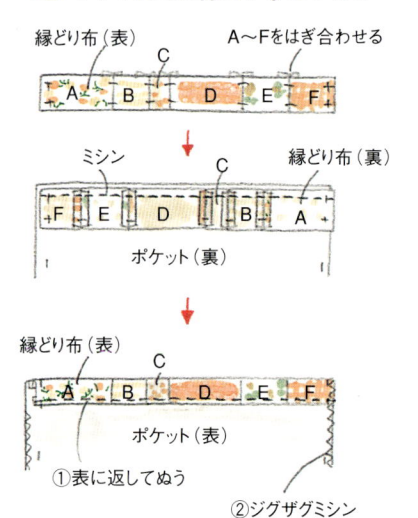

縁どり布（表）　A〜Fをはぎ合わせる
A B C D E F

↓

ミシン　　縁どり布（裏）
F E D C B A
ポケット（裏）

↓

縁どり布（表）
A B C D E F
ポケット（表）

①表に返してぬう　②ジグザグミシン

3 ひもを作り、つける

- 2
- はさむ
- ④三つ折りにしてぬう
- 1.5 ひも(表)
- ③ミシン
- 端は1折っておく
- エプロン(裏)
- 1.5
- ①ミシン
- 2.5
- ②ミシン

2 脇と裾をぬう

中央
エプロン(表)
ポケット(表)
ミシン

4 ポケットをつける

0.5
ミシン
エプロン(表)
ポケット(表)

ステンシルの図案

*大は150%、中は130%に拡大する。小は実物大

わたしのエプロン

[製図]

- 裁ち切り
- エプロン(1枚) (2.5) (2.5)
- 38
- 底
- ポケット折り返し分 13
- 44

*( )のぬいしろをつけて裁つ。
指定以外は1cm

ポケット口の縁どり布(各1枚)

- C 2 (2.5) 5.5
- G 2 8
- H 2 5
- E 2 7.5
- D 2 8
- B 2 3
- A (2.5) 7

ひも(各1枚)

- I 3 / 14
- J 3 / 51
- I 3 / 12
- J 3 / 23
- F 3 / 52
- D 3 / 8

1 ポケット口を縁どり布で始末

- 縁どり布(裏)
- C ①ミシン
- ポケット(表)

↓

- 縁どり布(表)
- C
- ②ミシン
- ポケット(裏)
- 底わ

4 ひもを作り、つける

- 端は1折っておく
- わ
- 1.5
- ひも(表)
- エプロン(表)
- D J I I J F

3 脇を三つ折りにしてぬう

- 1.5
- エプロン(表)
- 縁どり布(表)
- C G H E D B A
- ミシン
- 表に折り返す
- ミシン
- 12 10 12 10

apron, babushka, broom cover

おやこペアのバッグと小もの　おそうじセット

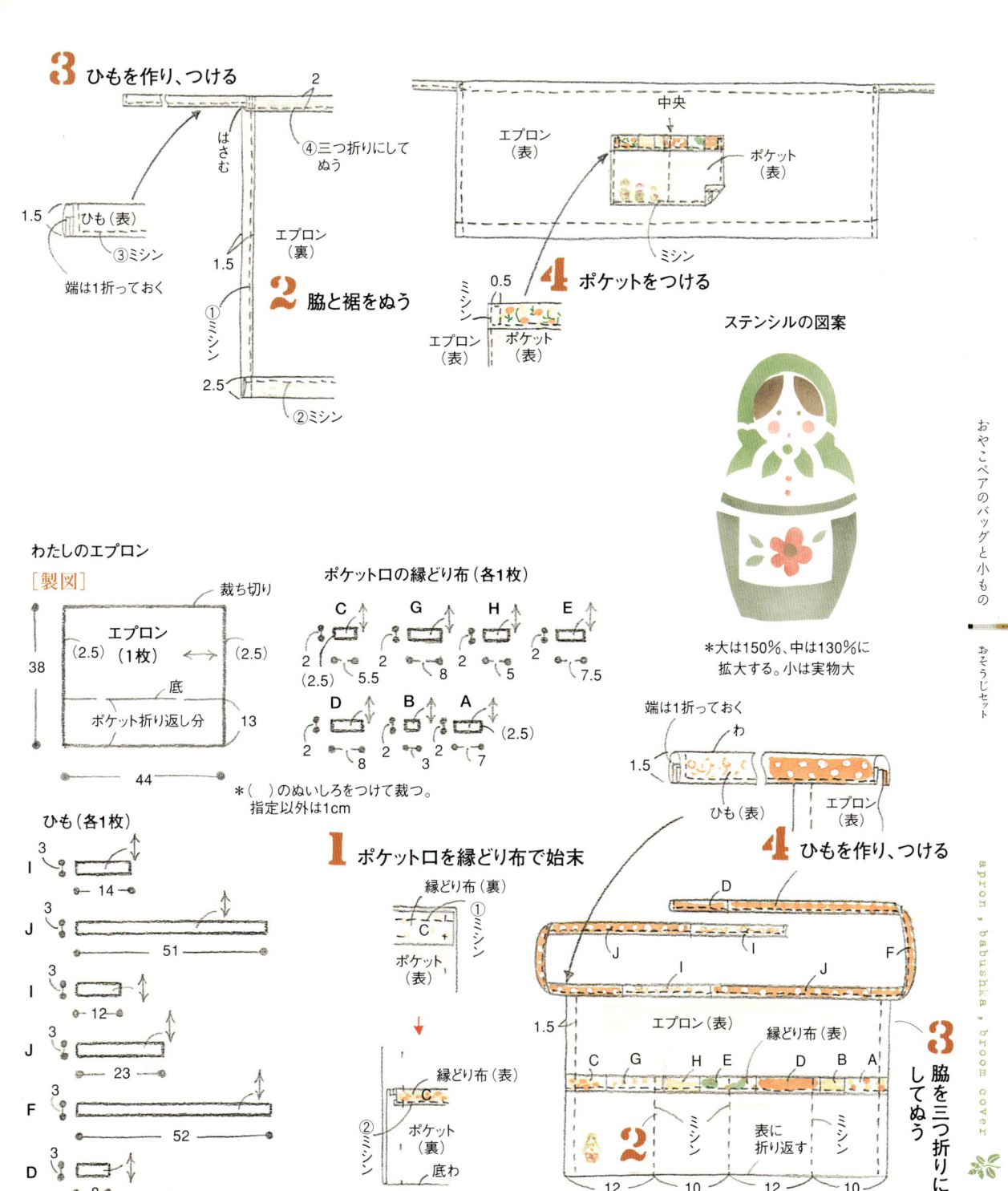

バブーシュカ

[製図]

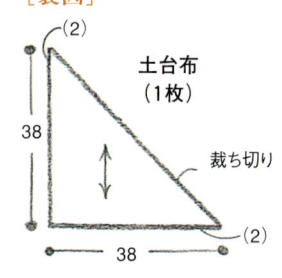

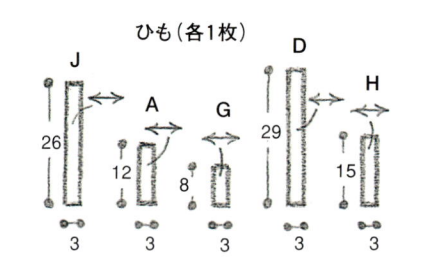

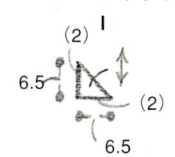

土台布（1枚）
38 × 38　裁ち切り
(2)

ひも（各1枚）
- J: 26 × 3
- A: 12 × 3
- G: 8 × 3
- D: 29 × 3
- H: 15 × 3

アップリケ布（1枚）
I: 6.5 × 6.5
(2)

＊（ ）のぬいしろをつけて裁つ。
指定以外は1cm

1 アップリケ布をつける

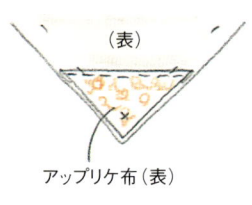

（表）
アップリケ布（表）

2 三つ折りにしてぬう

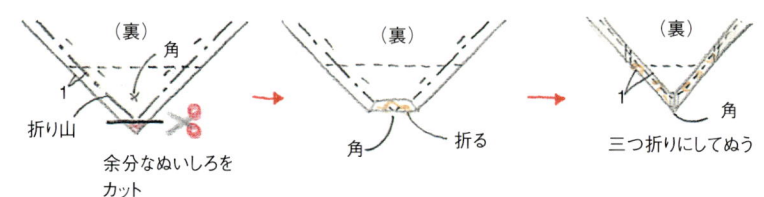

（裏）
折り山　角
余分なぬいしろをカット
→
（裏）
角　折る
→
（裏）
1　角
三つ折りにしてぬう

3 ひもをつける

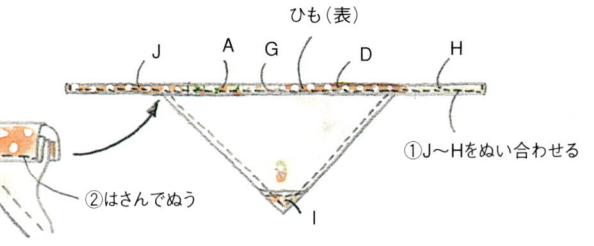

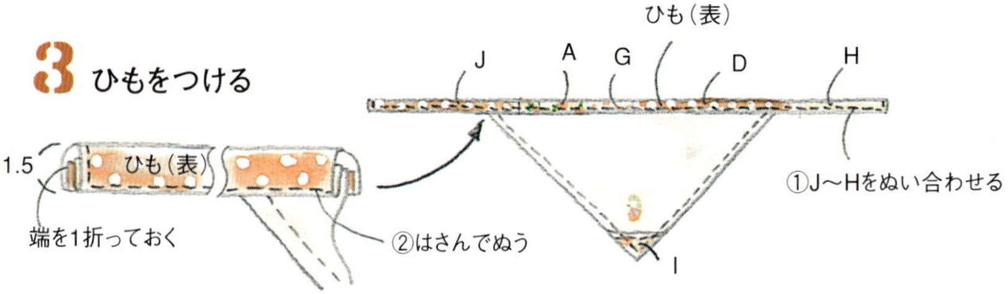

ひも（表）
1.5
端を1折っておく
②はさんでぬう

ひも（表）
J　A　G　D　H
①J〜Hぬい合わせる
I

ほうきカバー

[製図]

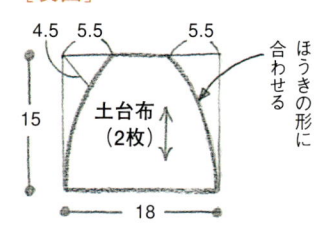

土台布（2枚）
4.5　5.5　5.5
15 × 18
ほうきの形に合わせる

縁どり布（各1枚）
- E: 2 × 2
- D: 8.5 × 2
- B: 3 × 2
- A: 4.5 × 2

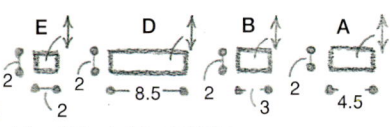

＊1cmのぬいしろをつけて裁つ

1 縁どり布をつける

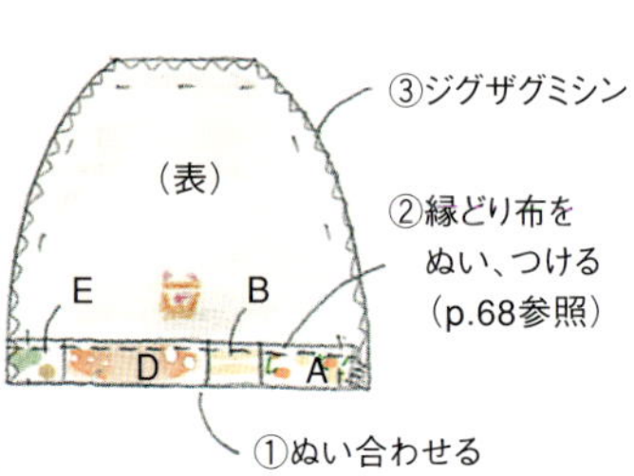

（表）
E　D　B　A
①ぬい合わせる
②縁どり布をぬい、つける（p.68参照）
③ジグザグミシン

2 脇、上側をぬう

（裏）
①脇をぬう
②二つ折りにしてミシン
（表）

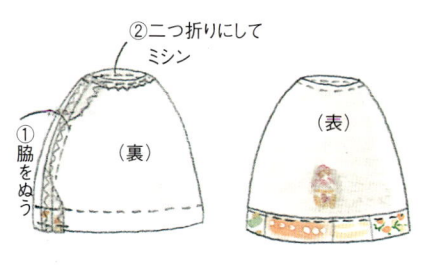

ステンシルの図案p.82（120％に拡大する）

ABCDEF
GHIJKL
MNOPQ
RSTUV
WXYZ

おやこペアのバッグと小もの

おそうじセット

apron , babushka , broom cover

キッチンセット
apron , coaster , pot holder , kitchen cloth

ママのエプロンはフリーサイズのサロンタイプ。
わたしのは胸当てつきのエプロン。エプロンにもキッチングッズにも
女の子の好きなものをたくさんステンシルしました。

how to make
page 74

布／ホビーラホビーレ

おやこペアのバッグと小もの

キッチンセット

apron , coaster , pot holder , kitchen cloth

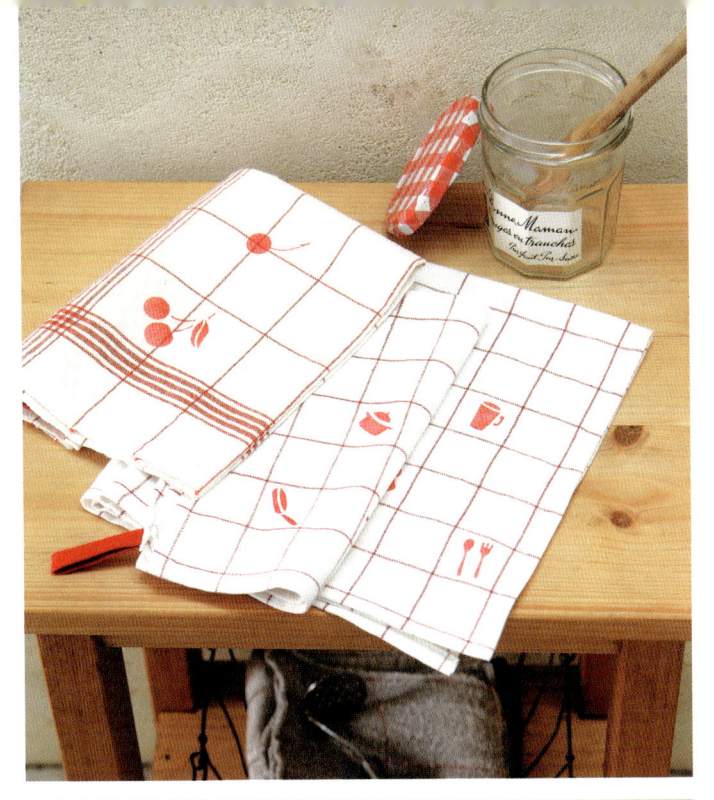

おやこペアのバッグと小もの　キッチンセット

apron , coaster , pot holder , kitchen cloth

73

photo...page 72
キッチンセット

◉材料

布…麻（ママのエプロンとポケット、わたしのエプロンとポケット、なべつかみとコースターの土台布分）110cm幅90cm、タータンチェック（ママのエプロンのベルト、ひも、ポケットの口布、裾布分）110cm幅40cm、ギンガムチェック（わたしのエプロンの肩ひも、当て布、ベルト、フリル、なべつかみとコースターの切り替え布分）110cm幅120cm、ワッフル（なべつかみとコースターの裏布分）50×20cm

リックラックテープ…2色を各0.4cm幅20cm
ゴムテープ…1.5cm幅60cm
リネンテープ…2cm幅10cm
キルト芯…50×20cm
25番刺しゅう糸、ステンシル絵の具…各適宜

*ぬう前にステンシルする。
*ママのエプロンはフリーサイズ。わたしのエプロンは身長100～110cm用。

ママのエプロン
［製図］

口布（2枚） 3.5 / 15
ポケット（2枚） 15 / 15

エプロン（1枚） 42 / 104 (2)(2)

裾布（1枚） 12 / 104 (2)(4)

ベルト（1枚） 6 / 65
ひも（2枚） 4 / 58

*（ ）のぬいしろをつけて指定以外は1cm裁つ。

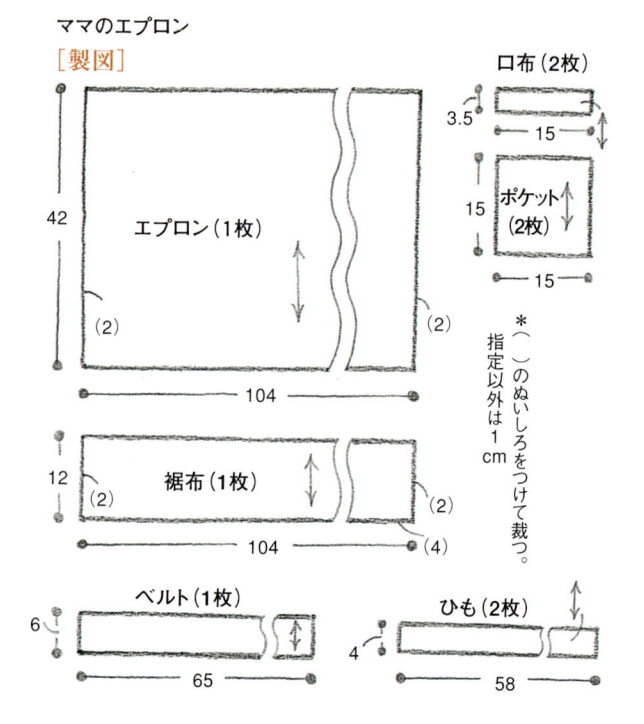

1 ポケットを作り、つける

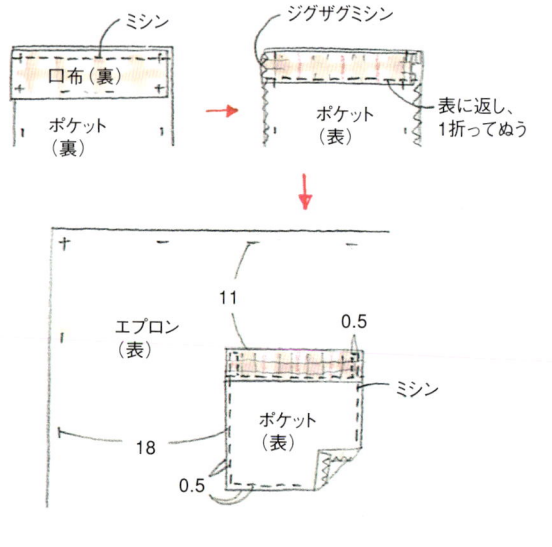

口布（裏）／ポケット（裏）／ミシン
→ ジグザグミシン／ポケット（表）／表に返し、1折ってぬう
↓
エプロン（表）／11／0.5／18／0.5／ポケット（表）／ミシン

2 ひもを作り、ベルトにつける

- ぐしぬい 0.5
- エプロン（裏）
- ひもをはさんでぬう
- 中表に折る
- ベルト（裏）
- ひも（表）
- 3辺を三つ折りにしてぬう
- ひも（表）
- タックをたたむ

4 ベルトをつける

- ミシン
- ベルト（裏）
- エプロン（裏）
- ひも（裏）
- ひも（表）
- ベルト（表）
- 0.5
- ミシン
- エプロン（表）
- ベルトを表に返し、ぬいしろを折り込む

3 裾布をつける

- 0.5
- ひも（表）
- わ
- ベルト（表）
- 裾布（表）
- 裾布（裏）
- 1 三つ折りにしてぬう
- 2 三つ折りにしてぬう
- （裏）
- はぐ
- 2枚一緒にジグザグミシン
- ぬいしろを下に倒してミシン

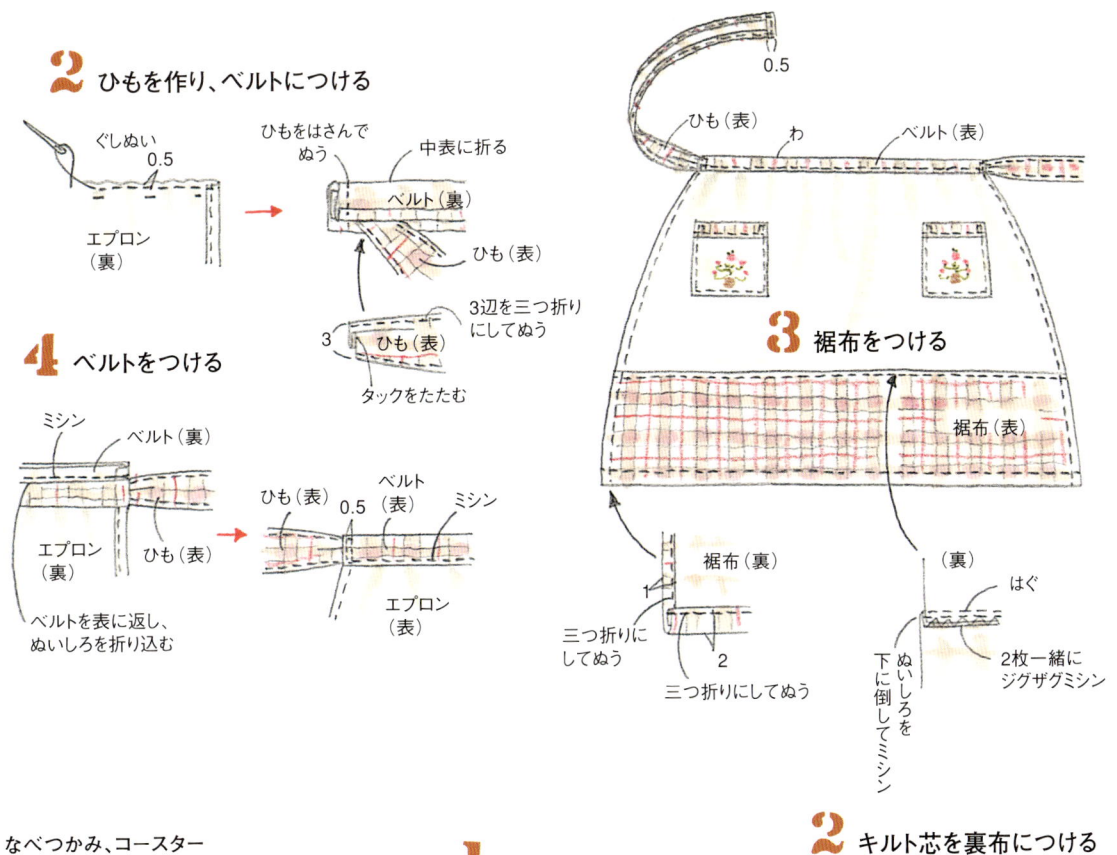

なべつかみ、コースター
[製図]

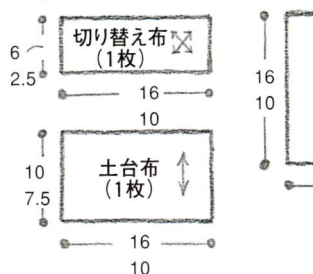

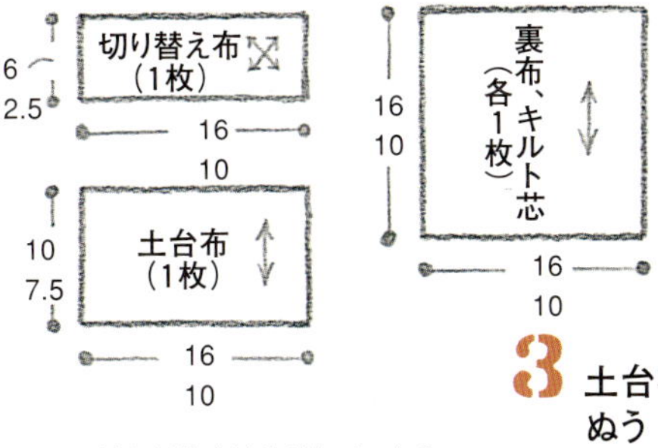

- 切り替え布（1枚）　6／2.5　16
- 裏布、キルト芯（各1枚）　16／10　16／10
- 土台布（1枚）　10／7.5　16／10

*2つ並んだ数字は上がなべつかみ、下がコースター
*1cmのぬいしろをつけて裁つ

1 土台布と切り替え布をはぐ

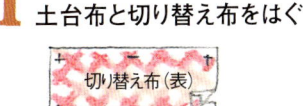

- 切り替え布（表）
- 折ってミシン
- 土台布（表）

2 キルト芯を裏布につける

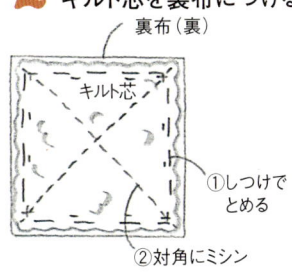

- 裏布（裏）
- キルト芯
- ①しつけでとめる
- ②対角にミシン

3 土台布と裏布をぬう

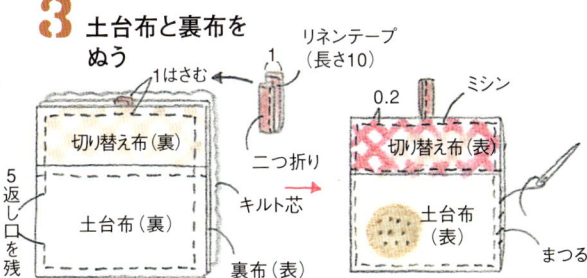

- 1はさむ
- 切り替え布（裏）
- リネンテープ（長さ10）
- 二つ折り
- キルト芯
- 土台布（裏）
- 裏布（表）
- 5 返し口を残す
- 0.2
- ミシン
- 切り替え布（表）
- 土台布（表）
- まつる

コースター

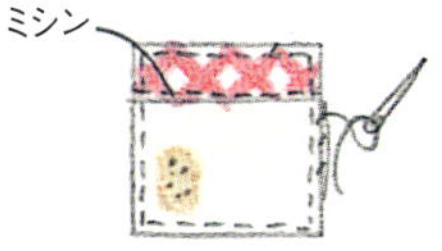

- ミシン

*リネンテープ以外、なべつかみと同様に作る

おやこペアのバッグと小もの　キッチンセット
apron, coaster, pot holder, kitchen cloth

わたしのエプロン

[製図]

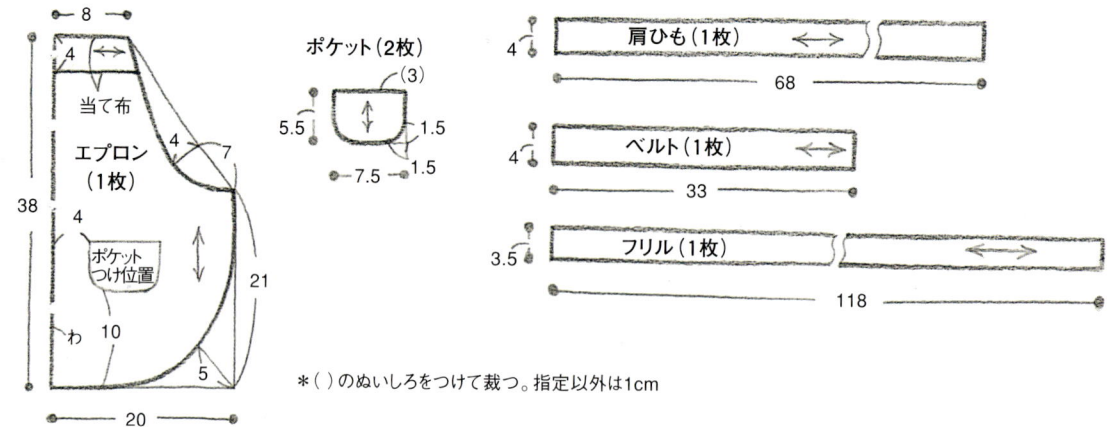

エプロン(1枚) — 8, 4, 4, 7, 4, 38, 21, 10, 5, 20, わ

当て布

ポケット(2枚) — (3), 5.5, 1.5, 1.5, 7.5

ポケットつけ位置

肩ひも(1枚) — 4, 68

ベルト(1枚) — 4, 33

フリル(1枚) — 3.5, 118

＊( )のぬいしろをつけて裁つ。指定以外は1cm

1 肩ひもを作り、当て布をぬう

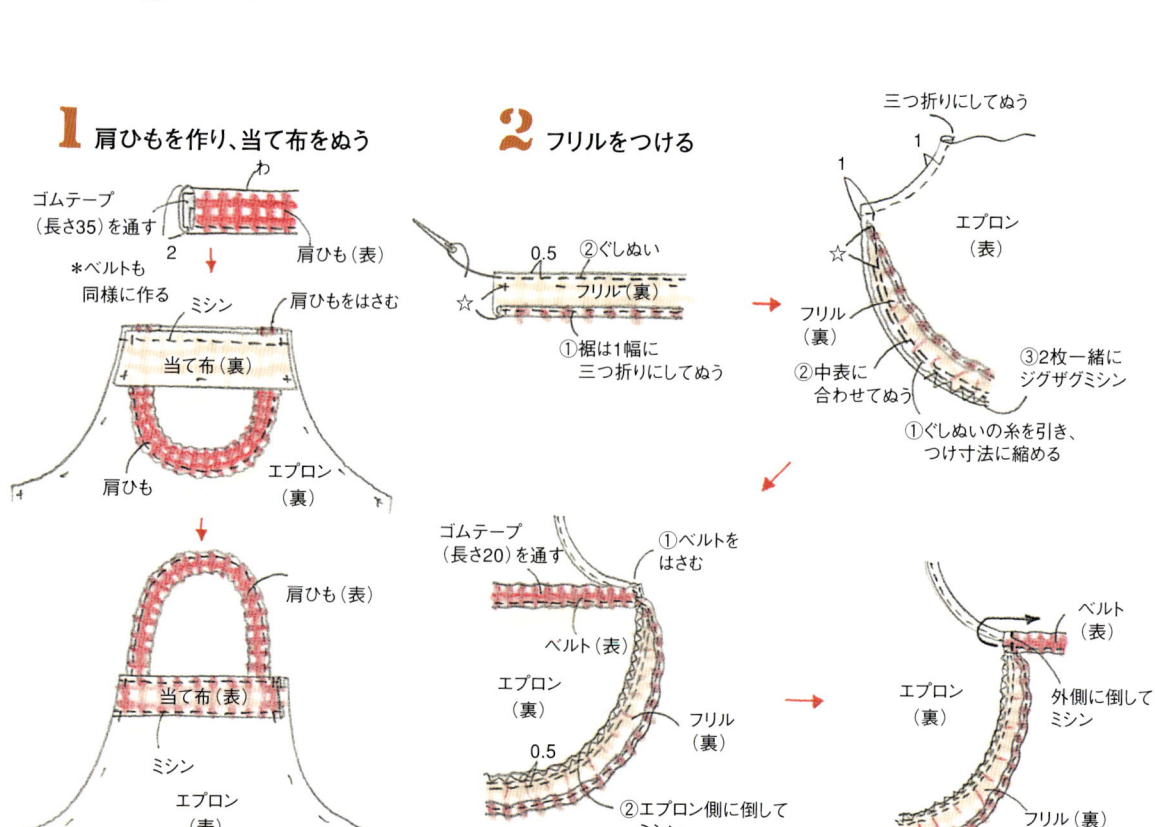

ゴムテープ（長さ35）を通す
わ
ミシン
肩ひも（表）
2
＊ベルトも同様に作る

当て布（裏）
肩ひもをはさむ
肩ひも
エプロン（裏）

肩ひも（表）
当て布（表）
ミシン
エプロン（表）

2 フリルをつける

①裾は1幅に三つ折りにしてぬう
②ぐしぬい
0.5
フリル（裏）
☆

三つ折りにしてぬう
1
1
エプロン（表）
フリル（裏）
①ぐしぬいの糸を引き、つけ寸法に縮める
②中表に合わせてぬう
③2枚一緒にジグザグミシン

ゴムテープ（長さ20）を通す
①ベルトをはさむ
ベルト（表）
エプロン（裏）
フリル（裏）
0.5
②エプロン側に倒してミシン

ベルト（表）
エプロン（裏）
外側に倒してミシン
フリル（裏）

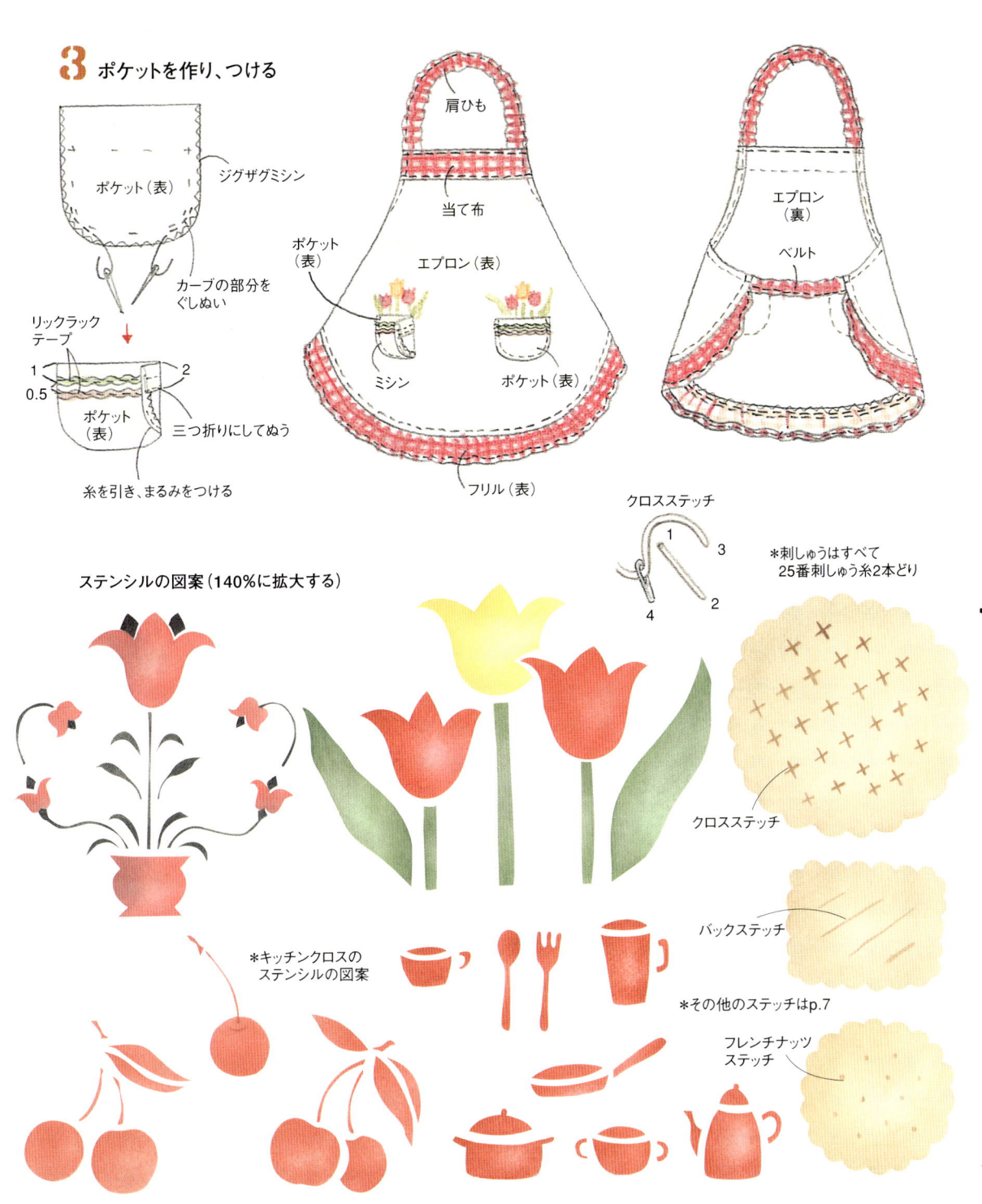

3 ポケットを作り、つける

- ポケット（表）
- ジグザグミシン
- カーブの部分をぐしぬい
- リックラックテープ
- 1, 2, 0.5
- ポケット（表）
- 三つ折りにしてぬう
- 糸を引き、まるみをつける

- 肩ひも
- 当て布
- ポケット（表）
- エプロン（表）
- ミシン
- ポケット（表）
- フリル（表）

- エプロン（裏）
- ベルト

クロスステッチ
1, 2, 3, 4

＊刺しゅうはすべて25番刺しゅう糸2本どり

ステンシルの図案（140％に拡大する）

＊キッチンクロスのステンシルの図案

クロスステッチ

バックステッチ

＊その他のステッチはp.7

フレンチナッツステッチ

おやこペアのバッグと小もの

キッチンセット

apron, coaster, pot holder, kitchen cloth

着替え入れセット
lingerie case

家族旅行や林間学校などで重宝な着替え入れセット。
ひと目で中身がわかるようにかわいい下着の図案をステンシルしました。
大きな袋はランドリーケースにもなります。

おやこペアのバッグと小もの

着替え入れセット

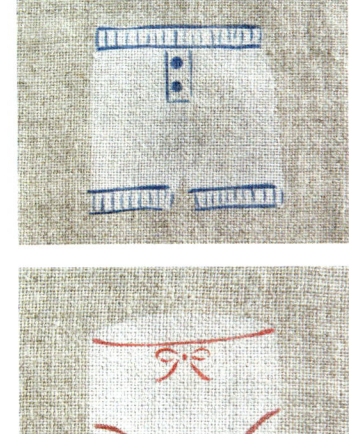

lingerie case

79

photo...page 78

着替え入れセット

◉材料

布…麻（着替え入れ大・小の袋布、ランドリーケースの袋布分）49cm幅180cm
リックラックテープ…0.6cm幅70cm（赤）、0.6cm幅30cm（紺）
ボタン…直径1.8cmを1個（着替え入れ大分）、直径1.5cmを2個（着替え入れ小分）
綿綾テープ…2cm幅30cm
ステンシル絵の具…適宜

＊ステンシルはぬう前でもいいし、できあがってからでもいい。

着替え入れ

[製図]

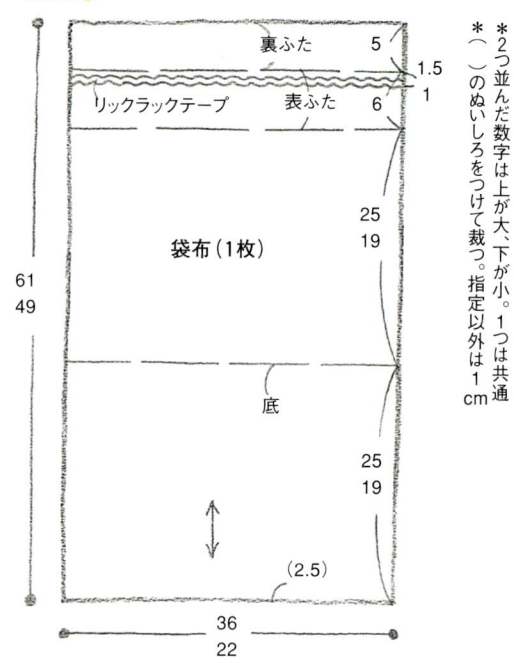

＊2つ並んだ数字は上が大、下が小。1つは共通
＊（ ）のぬいしろをつけて裁つ。指定以外は1cm

裏ふた 5 / 1.5
リックラックテープ 表ふた 6 / 1
袋布（1枚）
25 / 19
61 / 49
底
25 / 19
(2.5)
36 / 22

1 袋布をぬう

わ
裏ふた（裏） 1
折っておく
1.5
表ふた（表）
②三つ折りにしてミシン
袋布（裏）
③ミシン
④2枚一緒にジグザグミシン
わ
（裏）
まちをぬう
3
脇

①リックラックテープをつける

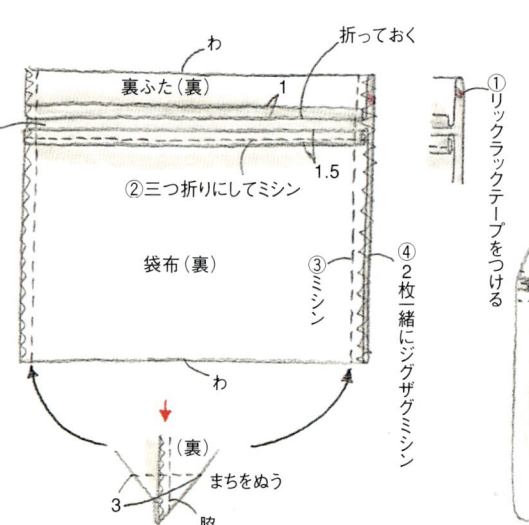

2 ふたをぬい、糸ループ、ボタンをつける

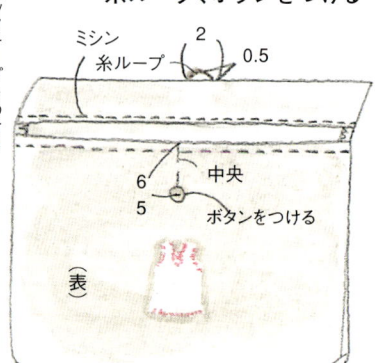

ミシン
糸ループ
2
0.5
6
5
中央
ボタンをつける
（表）

糸ループの作り方
糸を2回渡す

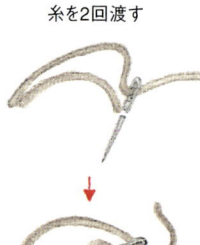

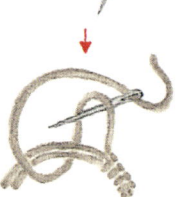

着替え入れ大

着替え入れ小

ランドリーケース

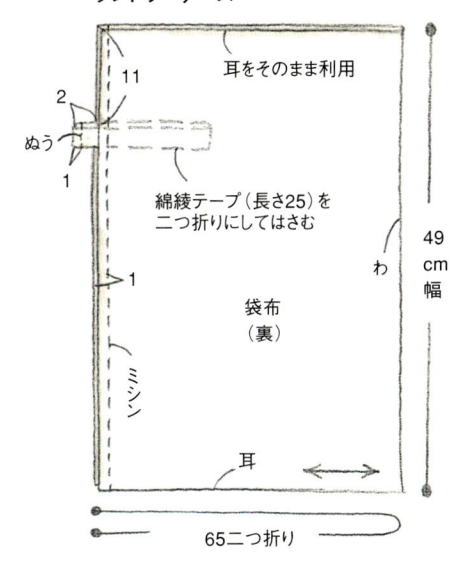

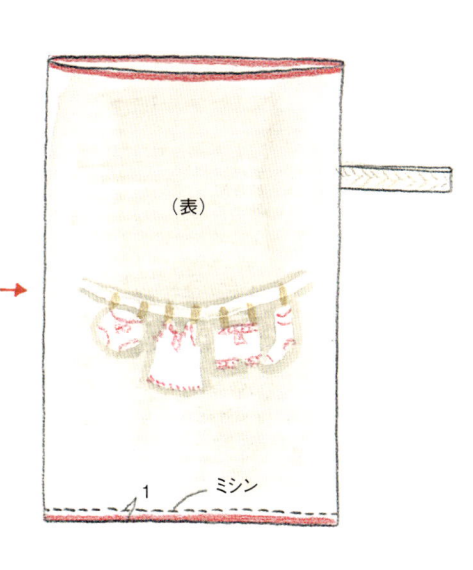

耳をそのまま利用

11
2
ぬう
1

綿綾テープ（長さ25）を
二つ折りにしてはさむ

1

袋布
（裏）

ミシン

耳

49cm幅

わ

65二つ折り

（表）

1　ミシン

ステンシルの図案（140％に拡大にする）

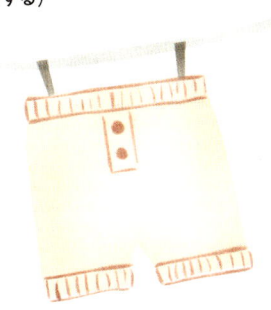

おやこペアのバッグと小もの　着替え入れセット

lingerie case

おやこペアのバッグと小もの　旅行セット

lingerie case , shoes bag , sack

旅行セット
lingerie case , shoes bag , sack

イニシャルをステンシルした大・中・小のきんちゃくセット。
大きな袋はルームシューズを入れて、
小さな袋は化粧品など細かいものの整理に便利です。

how to make page 83

photo…page 82

旅行セット

● 材料

布…麻（大・中・小の袋布分）70×80cm
綿綾テープ…1cm幅 280cm
25番刺しゅう糸、ステンシル絵の具…各適宜

＊ステンシルはぬう前でもいいし、できあがってからでもいい。

[製図]

きんちゃく大・中

7　(4.5)　7
6　　　　6
あきどまり　袋布（1枚）　あきどまり
34
29
わ
27
21

きんちゃく小

(3)　5
19　袋布（1枚）　あきどまり
わ
14

＊( )のぬいしろをつけて裁つ。
　指定以外は1cm

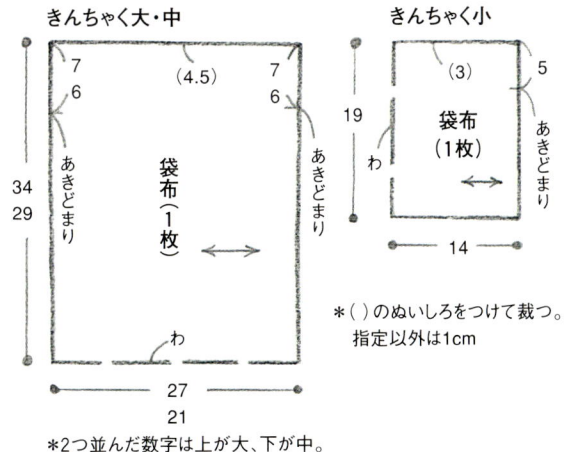

＊2つ並んだ数字は上が大、下が中。
　1つは共通

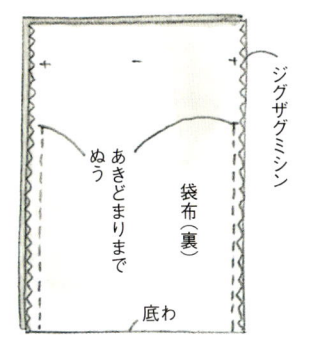

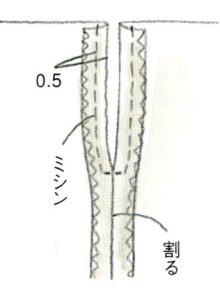

1 脇をぬう

ジグザグミシン
あきどまりまでぬう
袋布（裏）
底わ

2 あきをぬう

0.5
ミシン
割る

3 袋口をぬう

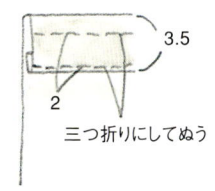

3.5
2
三つ折りにしてぬう

きんちゃく大

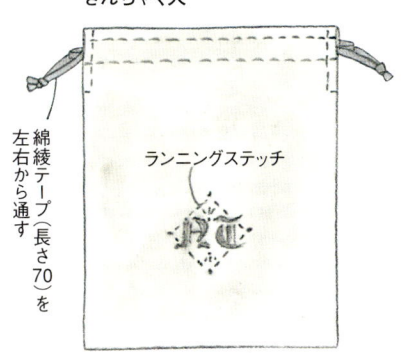

ランニングステッチ
綿綾テープ（長さ70）を左右から通す

きんちゃく中

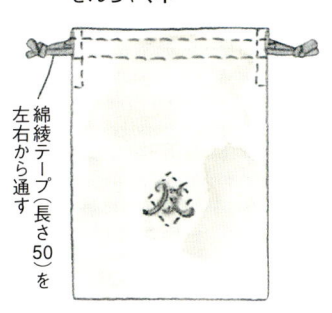

綿綾テープ（長さ50）を左右から通す

きんちゃく小

綿綾テープ（長さ35）を通す

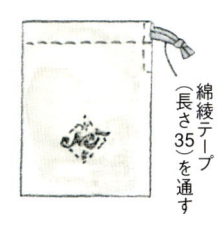

＊小の作り方はp.13参照
ステンシルの図案はp.31、45、71
ランニングステッチはp.6

小さなものの整理にとても便利
アイデア小もの

ツールケースとソーイングケース
tool case , sewing case

はさみや定規などの文房具がひとまとめになるツールケース。
真ん中のマグネットシートに、クリップがぴたりとはりつきます。
ソーイングケースもマグネットシートに針が収納できます。

how to make page 86

アイデア小もの ツールケースとソーイングケース

tool case , sewing case

85

photo...page 84

ツールケースと
ソーイングケース

●材料

【ツールケース】
布…帆布(土台布、ポケット大・小分)75cm
　　幅40cm、デニム(マグネットカバー、く
　　るみボタン分)5×20cm
リネンテープ…1.5cm幅20cm
ロープ…太さ0.4cm×70cm
くるみボタン…直径2.8cmを1個
スナップ…小1組
マグネットシート…5×20cm
ステンシル絵の具…適宜

【ソーイングケース】
布…麻無地(土台布、ポケット分)50×30cm、
　　麻チェック(はさみ用ポケット、マグネット
　　カバー分)20×20cm
リネンテープ…1.6cm幅20cm、1cm幅10cm
リックラックテープ…0.6cm幅60cm
くるみボタン…直径2.3cmを1個
スナップ…小1組
接着芯…50×20cm
マグネットシート…5×10cm
極細毛糸、タグ、ステンシル絵の具…各適宜

＊ステンシルはぬう前でもいいし、できあがってか
　らでもいい。

ソーイングケース
[製図]

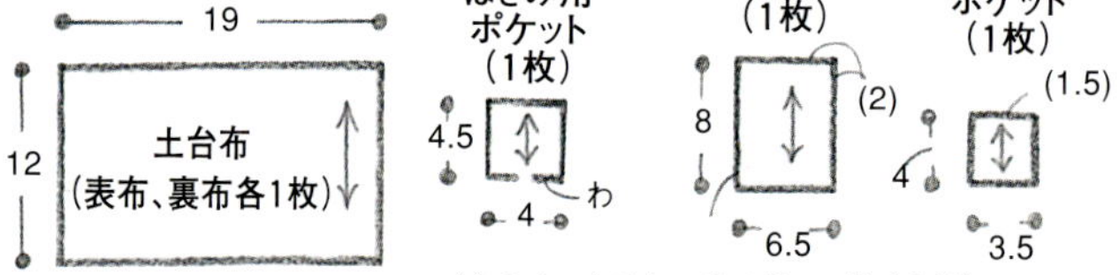

土台布(表布、裏布各1枚) 19×12

はさみ用ポケット(1枚) 4.5×4 わ

マグネットカバー(1枚) 8×6.5 (2)

ポケット(1枚) (1.5) 3.5

＊( )のぬいしろをつけて裁つ。指定以外は1cm

1 裏布にポケットをつける

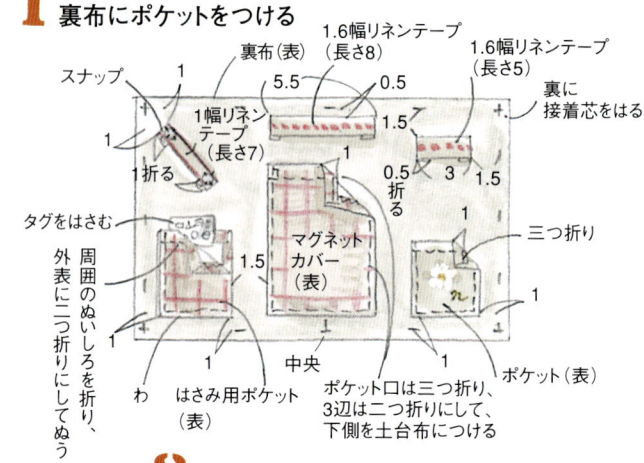

スナップ
1幅リネンテープ(長さ7)
1折る
タグをはさむ
マグネットカバー(表)
はさみ用ポケット(表)
わ
中央
1.6幅リネンテープ(長さ8)
裏布(表)
5.5　0.5
1.5
0.5折る
3
1.5
周囲のぬいしろを折り、外表に二つ折りにしてぬう
1.6幅リネンテープ(長さ5)
裏に接着芯をはる
三つ折り
ポケット(表)
ポケット口は三つ折り、3辺は二つ折りにして、下側を土台布につける

2 中表に合わせてぬう

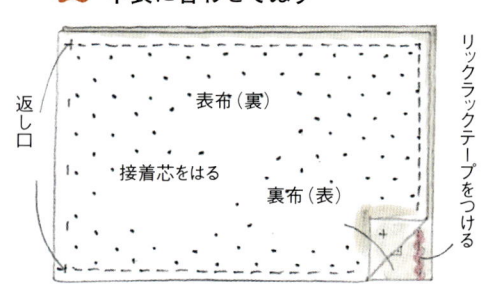

返し口
表布(裏)
接着芯をはる
裏布(表)
リックラックテープをつける

3 表に返し、リックラックテープをつける

内側
ここにマグネットシートをはさむ
ミシン
0.2
裏布(表)
リックラックテープ(長さ40)
1折る

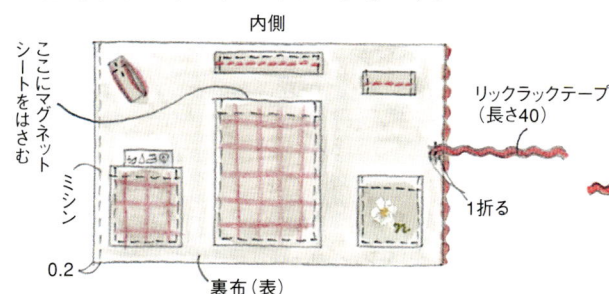

4 くるみボタンをつける

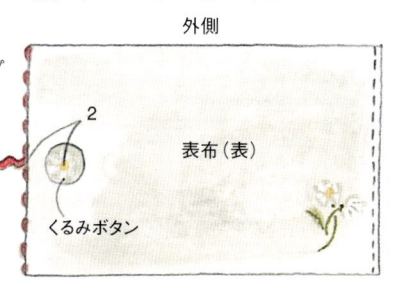

外側
2
表布(表)
くるみボタン

ツールケース
[製図]

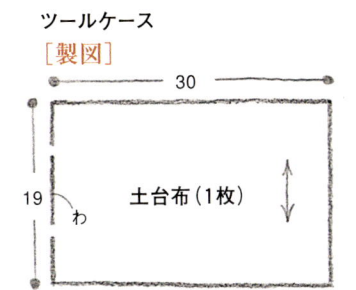

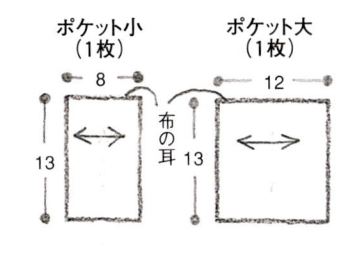

- 土台布(1枚) 30 × 19 わ
- ポケット小(1枚) 8 × 13 布の耳
- ポケット大(1枚) 12 × 13 布の耳
- マグネットカバー(1枚) (2) 14 × 5 (2)

*( )のぬいしろをつけて裁つ。
指定以外は1cm

1 ポケットを作り、つける

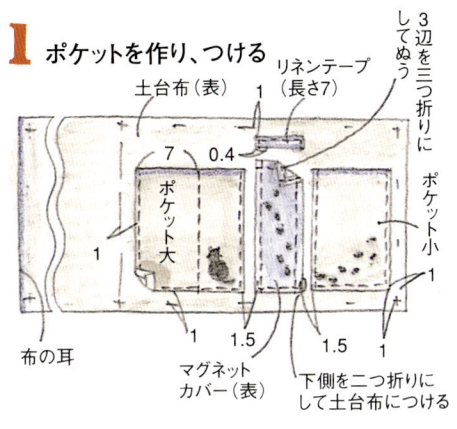

- 土台布(表)
- リネンテープ(長さ7)
- 3辺を三つ折りにしてぬう
- ポケット小
- ポケット大
- マグネットカバー(表)
- 布の耳
- 下側を二つ折りにして土台布につける
- 1、0.4、7、1、1.5、1.5、1

2 土台布をぬう

- ミシン
- 返し口
- 土台布(裏)
- わ
- (表)
- 1

3 くるみボタンをつける

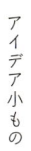

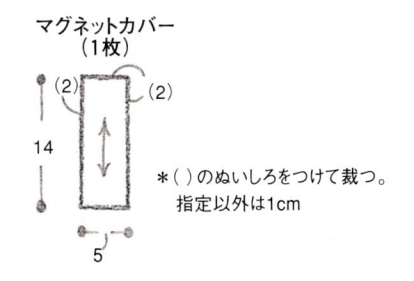

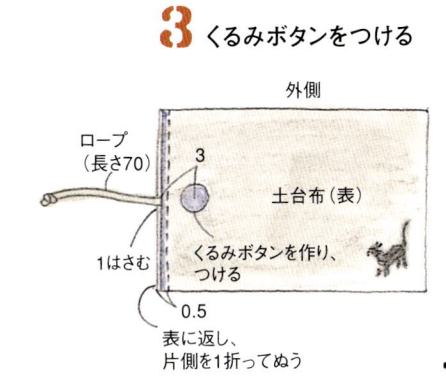

- 外側
- ロープ(長さ70)
- 土台布(表)
- くるみボタンを作り、つける
- 表に返し、片側を1折ってぬう
- 3、1はさむ、0.5

- 内側
- 差し込む
- 1折る
- リネンテープ(長さ11)
- スナップ
- 1折ってつける
- 土台布(表)
- マグネットシート

ステンシルの図案(実物大)

レゼーデージーステッチ(毛糸1本どり)

*アルファベットはp.39
レゼーデージーステッチはP.27

アイデア小もの　ツールボックス

ツールボックス
tool box

かんたんカルトナージュで作るツールボックス。
お菓子などの空き箱がおしゃれな箱に変身します。
はぎれやリボンの整理箱にいかがですか。

how to make page 89

photo...page 88

ツールボックス

◉材料
※ツールボックスの材料と作り方はp.90

【シザーケースとシザーキーパー】
布…麻(シザーケースの前、後ろ、ポケット、シザーキーパー分) 30×20cm
リックラックテープ…0.6cm幅60cm
厚紙…20×20cm
リネンテープ…0.4cm幅20cm
化繊わた…少々
丸小ビーズ、並太毛糸、25番刺しゅう糸、ステンシル絵の具…各適宜

＊作る前にステンシルする。

シザーケース

1 各パーツを作る

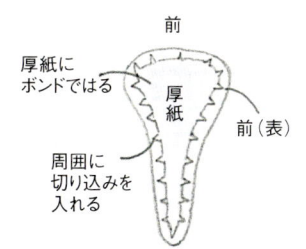

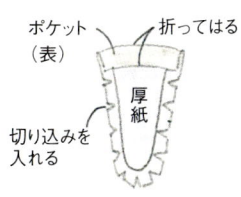

前
厚紙にボンドではる
厚紙
前(表)
周囲に切り込みを入れる

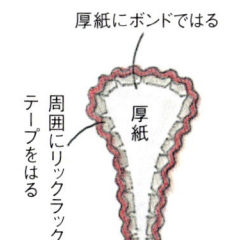

後ろ
厚紙にボンドではる
厚紙
周囲にリックラックテープをはる

ポケット(表)
折ってはる
厚紙
切り込みを入れる

2 パーツをはり合わせる

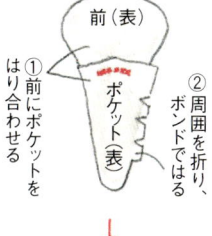

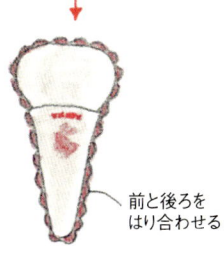

①前にポケットをはり合わせる
前(表)
ポケット(表)

②周囲を折り、ボンドではる

前と後ろをはり合わせる

シザーキーパー

[製図]

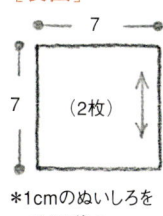

7
7
(2枚)

＊1cmのぬいしろをつけて裁つ

リックラックテープをしつけでとめる
(表)
1重ねる

①中表に合わせる
③ミシン
5返し口

②リネンテープ(長さ12)を二つ折りにしてはさむ

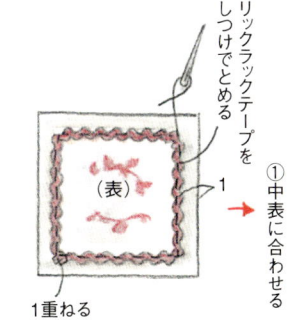

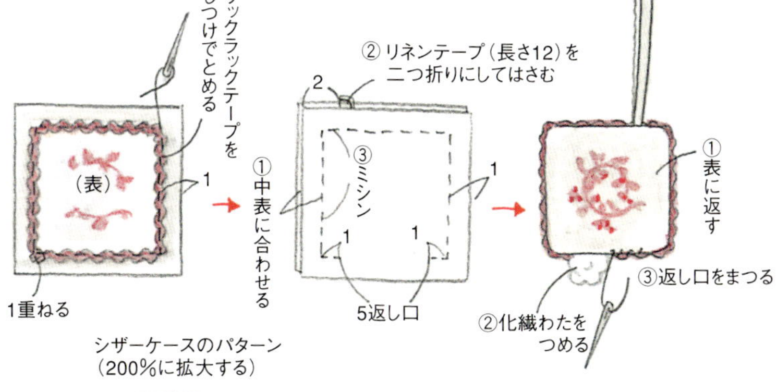

①表に返す
②化繊わたをつめる
③返し口をまつる

シザーケースのパターン
(200％に拡大する)

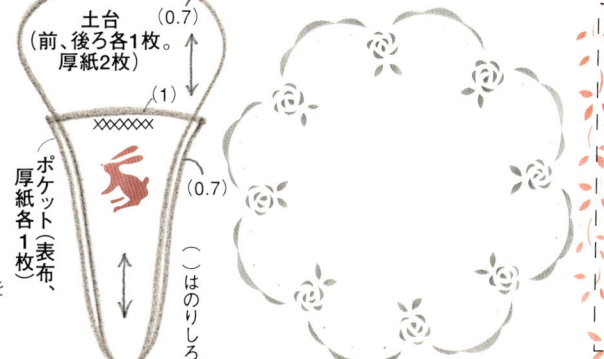

土台
(前、後ろ各1枚。厚紙2枚)
(0.7)
(1)
xxxxxxx
ポケット(表布、厚紙各1枚)
(0.7)
( )はのりしろ

ステンシルの図案
(200％に拡大する)

バックステッチ
(毛糸1本どり)
ビーズをつける

＊バックステッチはP.7

バックステッチ
(25番刺しゅう糸3本どり)

Aiguille
Boutoun
Ciseaux

結ぶ
ボタンつけ位置
チャームつけ位置

アイデア小もの ツールボックス

tool box

photo...page 88

ツールボックス（まるい布箱）の作り方

材料と用具

① お菓子などの空き箱
② 平筆
③ ボンド

※ボタン、チャーム、25番刺しゅう糸、リックラックテープ、ステンシル絵の具…各適宜

紙を用意する

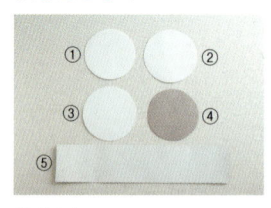

① 外ふた
② 内ふた
③ 中底
④ 外底
⑤ 内側面

※①、②、③、⑤はボール紙などの厚紙。④は色画用紙
※①、②はふたの直径、③、④は底の直径を測る
※⑤の縦は箱の深さ＋ふたの深さ。横は円周

布を用意する

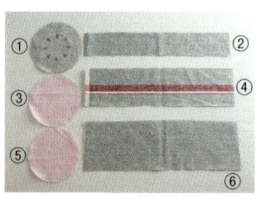

① 外ふた（ステンシルと刺しゅうをしておく）
② ふたの側面
③ 内ふた
④ 本体の外側面
⑤ 中底
⑥ 本体の内側面

※①〜⑤はそれぞれ紙の大きさに1cmのぬいしろをつけて裁つ
⑥は両端と下側は1cm、上側はふたの深さ＋1cmのぬいしろをつけて裁つ
※キルト芯は内ふたと同サイズ

1 箱の側面（外側）全体に平筆でボンドをぬる。本体の外側面の端をはる。

2 布の上で箱を転がすようにしてはる。

3 布端は1cm折り込む。ボンドをぬってはる。

4 ふたの側面も**1**〜**3**と同様にはる。ふた、側面ともぬいしろを内側に折ってボンドではる。

5 内ふたに紙をボンドではる。ぬいしろに約1cm間隔で切り込みを入れる。

6 ぬいしろにボンドをぬり、内側に折ってはる。

7 6をふたの内側にボンドではる。

8 外ふたの紙に同サイズのキルト芯を置き、ボンドで軽くとめる。

9 外ふたの裏に**8**を(キルト芯を下にして)置く。

10 ぬいしろにボンドをぬり、内側に折ってはる。

11 **10**の外ふたを**4**にボンドではる。

12 中底に紙をはり、その上に布をボンドではる。

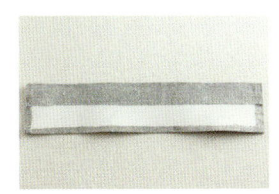

13 本体の内側面布に紙をはる。

14 内側面を箱の内側にボンドではる。

15 外底に色画用紙をはる。

16 できあがり。

四角い箱の場合

1 基本的な作り方はまるい箱と同様。側面をはって内側に折り込むとき、角のぬいしろを三角に切り落とす。

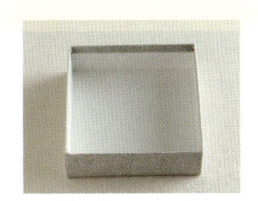

2 内側に折り込んでボンドではる。

アイデア小もの

ツールボックス

tool box

はじめてステンシルをする人へ

stencil how to make

4ページの手さげ袋を例にレッスンします。
まず「型を作る」。一つ型を作れば何度でも繰り返し使えるので、
おそろいの模様を描くことができます。
続いて「ステンシルする」。コツをつかむまで、
残り布で練習してみるといいでしょう。

型を作る

●用意するもの

① カッターマット
② 耐水性トレーシングペーパー
③ デザイン画（図案）
④ 油性ペン
⑤ デザインカッター
⑥ マスキングテープ

1 本から写した図案に耐水性トレーシングペーパーを重ね、マスキングテープで固定し、油性ペンで図案を写す。

2 写したところ。

3 カッターマットの上で耐水性トレーシングペーパーの線をデザインカッターで切り抜く（裏返しにすると線が見やすい）。

4 型のできあがり。

5 型を布の好みの位置にマスキングテープでとめる。

ステンシルする

●用意するもの

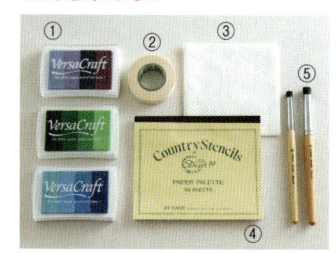

① 布用インク（スタンプパッド）
② マスキングテープ
③ ペーパータオル
④ ペーパーパレット
⑤ ステンシルブラシ

1 布用インクをステンシルブラシの筆先全体になじませ、ペーパータオルの上でかすれるようになるまで余分なインクをよく落とす。これが肝心。

2 型の縁からステンシルブラシを垂直に立て、たたくように色をつける。これがステンシル。

多色使いの場合は版を分ける

3
1色つけた上に別の色を重ねるとニュアンスが出る。

4
色分けしたいところは、別の色がつかないようにマスキングテープでおおう。

5
マスキングテープを移動して、色をかえてつける。

6
できあがり。よく乾いたら、当て布を当ててドライアイロン（布の適温）をかける。

＊布はステンシルする前に水洗いをして、のりを落としておく

1
これはいちごの実と花、葉っぱと種を分けて2版にしたもの。切り抜く線を実線で、2版が重なる線（切り抜かない線）を点線でかき分けておく。

2
いちごの実（ベースの赤）と花を先にステンシルする。

3
1版めをステンシルしたところ。

4
2版めを1版と点線を合わせてステンシルする。

5
できあがり。

布専用ペイントを使う場合

ペーパーパレットにペイントを少量ずつ移し、スプーンなどでよくまぜ合わせて好みの色を作る。

布専用ペイント「セタカラー」

ブラシの手入れ

色をかえるときはステンシルブラシを水ですすいでよく洗い落とし、水分が残らないようにタオルで水けをよくふきとる。

はじめてステンシルをする人へ　型を作る・ステンシルする

stencil how to make

93

mail order

この本で使用したステンシル用具が通信販売でお求めになれます

※価格は税込みで2007年3月現在のものです。

●ステンシル型
ひらがな、アルファベットなどの型があればすぐにステンシルできます。
9×20cm　各¥892

どんぐり（AE-F11）

ブルーベリー（AE-F13）

ひらがな（AE-F15）

アルファベットA（AE-F16）

アルファベットB（AE-F17）

●スタンプ
はんこで使うスタンプパッドはステンシルにも最適。
筆につけて使います。

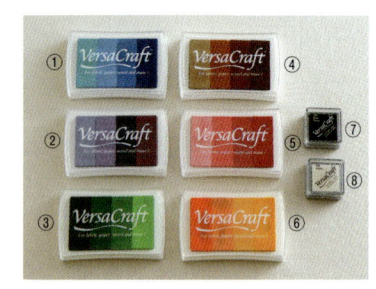

バーサクラフトグラデーション
各¥840
① ブルーシェイド（VK-404）
② パープルシェイド（VK-403）
③ グリーンシェイド（VK-405）
④ ブラウンシェイド（VK-406）
⑤ ピンクシェイド（VK-402）
⑥ イエローシェイド（VK-401）

バーサクラフトS
各¥231
⑦ リアルブラック（VKS-182）
⑧ ホワイト（VKS-180）

●ステンシルペイント〈ミニボトル8色セット〉
3タイプにカラーセレクトしたミニボトルセット。はじめての人におすすめです。
内容量15cc×8本　※3タイプ　各¥1,890

アメリカンカントリー（PA-201）

フレンチカントリー（PA-202）

ブリティッシュカントリー（PA-203）

アメリカンカントリー（明るい基本色）
04 サンキスイエロー / 01 ホリデイレッド / 12 ホワイトウォッシュ / 18 ネイビーブルー / 14 グリーンオリーブ / 07 ディープフォレストグリーン / 13 バーントシェンナ / 11 ソフトブラック

フレンチカントリー（パステル調）
05 ピーチスクリーム / 09 ローズベリー / 17 スモーキーブルー / 15 モネブルー / 06 ビレッジグリーン / 19 ローリエ / 10 ワインベリー / 23 ウォルナット

ブリティッシュカントリー（少し渋い色調）
02 バーンレッド / 16 アンティークホワイト / 03 マスタードシード / 08 ソルジャーブルー / 20 マッシュルーム / 21 アイビーグリーン / 22 ダークボルドー / 24 ロウアンバー

● ステンシルブラシ
大きい図案は24号、
小さい図案は6～16号が適しています。

24号	¥2,047
16号	¥651
10号	¥441
6号	¥336

● ペーパーパレット
水をはじくペーパーをノート状にした
使い捨てのパレット。
15×20cm　50枚つづり　¥367

● 型用シート
型を作るためのトレーシングペーパー。
耐水性です。
21×29.5cm
2枚入　¥262

● マスキングテープ
布に型をはったり、色分けのときに
おおったり、ステンシルの必需品。
15mm幅×18m　¥157

Outside in
アウトサイドイン

塚田紀子が主宰する
鎌倉のショップ
「アウトサイドイン」でも
ステンシル用具が
お求めになれます。

鎌倉駅から歩いて10分ほど、閑静な住宅街にあるクリーム色の一軒家が「アウトサイドイン」です。白いフレンチドアを開けて店内に入ると、大きなガラス窓から注がれる明るい日差しの中、暮らしの雑貨が所狭しと並べられたおしゃれな空間が広がります。ステンシル用具はもちろん、レースや糸、キッチンクロスなどの手作り材料、完成済みの小物や家具も購入できます。

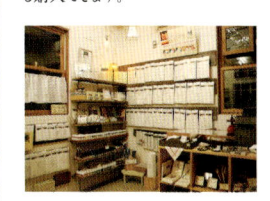

通信販売
ステンシル用具

【お申し込み方法】
はがき、ファックス、Eメールのいずれかで、商品名、数量、金額、郵便番号、ご住所、お名前（ふりがなも）、電話番号を必ず明記してお申し込みください。また、インターネットのメールオーダーからもお申し込みできます。

● ホームページアドレス
http://www.outsidein.jp
※ご記入いただいた個人情報はご注文の発送、お支払い確認などを連絡するために利用し、その目的以外での利用はいたしません。

● Eメールアドレス
mailorder@outsidein.jp
※件名を「メールオーダー」としてください。

● ファックス
FAX：0467-61-3387
※あて先を、アウトサイドイン「ステンシル通販」係としてください。

● はがき
〒248-0017
神奈川県鎌倉市佐助1-13-21
アウトサイドイン「ステンシル通販」係

【商品のお届け】
商品は宅配便（クロネコヤマト）による配送でお届けします。お申し込みから10日ほどでお届けいたします。

【お支払い方法】
代金引換え（ヤマトコレクトサービス）または銀行振込みのいずれかでお支払いください。

● 代金引換え（ヤマトコレクトサービス）について
商品のお届けと引換えに、商品の代金と配送料の合計金額をお支払いいただくシステムです。これには手数料がかかり、手数料はお客様のご負担になりますのであらかじめご了承ください。
※手数料一律 300円

● 銀行振込みについて
ご注文完了のメールが届きましたら、7日以内に入金してください。
※振込み手数料はお客様のご負担になります。商品は入金確認後の発送となります。7日以内にご入金の確認ができない場合はキャンセルとさせていただきます。
[銀行振込み先]
銀 行 名：三菱東京UFJ銀行　鎌倉支店
普通口座　1804210
口座名義：アウトサイドイン　ヤマグチカヨ

【そのほか】
● 大島と八丈島を除く伊豆諸島、小笠原諸島は代金引換え発送はできません。ご了承ください。
● お届けした商品が破損または注文と違った場合はすぐにご連絡ください。送料は当方負担で交換いたします。
● 商品到着後7日を経過した商品の交換および返品は応じかねますのでご了承ください。

Outside in
HOME DECORATION WORKSHOP

神奈川県鎌倉市佐助1-13-21
電話　0467-61-3386
営業　10:30～18:00　木曜定休
http://www.outsidein.jp
mailorder@outsidein.jp

profile

塚田紀子 つかだのりこ

横浜生まれ。
文化服装学院服装産業科卒業。卒業後すぐに結婚。夫とともに渡米し、アンティークショップや田舎の生活を見てまわりステンシルと出会う。帰国後、家事と育児をする一方で服飾関係の仕事に就く。1990年よりステンシル教室の講師や商品開発の仕事に携わり、1997年に暮らしをトータルにプランニングする「Outside in（アウトサイドイン）」を設立。ステンシルやガラスエッチングの用具や材料の販売、作品の展示、定期教室などを行っている。おもな著書に「ガーデンステンシル」「手軽に描けるすりガラス模様ガラスエッチング」（ともに文化出版局）、「アメリカンカントリー紋様辞典」「暮らしの中で楽しむガラスエッチング」（ともに河出書房新社）、「すりガラス模様が簡単に描けるガラスエッチング」（雄鶏社）がある。

すてきな小ものもいっぱい
ママとわたしのおそろいバッグ

staff

装丁、本文デザイン … わたなべげん
撮影 …………………… 千葉　充
　　　　　　　　　　（主婦の友社写真室）
スタイリング ………… 南雲久美子
イラスト ……………… 堀江かつ子
モデル ………………… 長澤　希
　　・　　　　　　　　佐藤　恵
作り方解説 …………… 吉田　彩
　　　　　　　　　　　黒川久美子
企画、編集 …………… 堀江友恵
編集担当 ……………… 柴﨑悠子
　　　　　　　　　　（主婦の友社）

●布、材料提供
ホビーラホビーレ
東京都品川区東大井5-23-37
☎03-3472-1104

●撮影協力
アウトサイドイン
神奈川県鎌倉市佐助1-13-21
☎0467-61-3386

ビーズ・デコレーション
東京都渋谷区東1-4-21NSKKビル1,2F
☎03-3498-8210

編　者…主婦の友社
発行者…村松邦彦
発行所…株式会社主婦の友社
　　　　〒101-8911　東京都千代田区神田駿河台2-9
　　　　電話 03-5280-7537（編集）
　　　　　　 03-5280-7551（販売）
印刷所…図書印刷株式会社

©SHUFUNOTOMO CO.,LTD. 2007 Printed in Japan
ISBN978-4-07-255349-7

Ⓡ本書の全部または一部を無断で複写（コピー）することは、著作権法上での例外を除き、禁じられています。
本書からの複写を希望される場合は、日本複写権センター（☎03-3401-2382）にご連絡ください。
●落丁本、乱丁本はおとりかえします。
　お買い求めの書店か、主婦の友社資料刊行課（☎03-5280-7590）にご連絡ください。
●記事内容に関するお問い合わせは、出版部（☎03-5280-7537）まで。
●主婦の友社発行の書籍・ムックのご注文、雑誌の定期購読のお申し込みは、お近くの書店か主婦の友社コールセンター（☎049-259-1236）まで。
●主婦の友社ホームページ　http://www.shufunotomo.co.jp/

き-043001

ABCDEFGHIJKLMNOPQRSTUV